中国宏观经济形势预测：基于半参数混频模型

鲁万波　曾　攀　高宇璇　著

科 学 出 版 社

北 京

内 容 简 介

本书在两类经典混频数据模型的基础上，结合协整理论构建半参数单变量混频误差修正模型和半参数混频向量误差修正模型，按照单变量模型—多变量模型及理论分析—模型设定—参数估计—数量分析的研究思路，研究了半参数单变量混频误差修正模型及估计、混频模型函数形式的一致性检验、半参数单变量混频误差修正模型以及半参数混频向量误差修正模型对中国主要的宏观经济指标——消费价格指数、国内生产总值、固定资产投资、产业结构和人民币汇率等的预测。

本书适合高等院校经管、统计专业教师及学生使用，也适合相关研究人员参考使用。

图书在版编目(CIP)数据

中国宏观经济形势预测：基于半参数混频模型/鲁万波，曾攀，高宇璇著. —北京：科学出版社，2024.8
ISBN 978-7-03-071600-2

Ⅰ.①中… Ⅱ.①鲁… ②曾… ③高… Ⅲ.①中国经济－宏观经济形势－经济预测－研究 Ⅳ.①F123.24

中国版本图书馆 CIP 数据核字(2022)第 030969 号

责任编辑：郝 悦／责任校对：贾娜娜
责任印制：赵 博／封面设计：有道设计

科 学 出 版 社 出版
北京东黄城根北街 16 号
邮政编码：100717
http://www.sciencep.com

天津市新科印刷有限公司印刷
科学出版社发行 各地新华书店经销
*

2024 年 8 月第 一 版 开本：720 × 1000 B5
2025 年 1 月第二次印刷 印张：10 1/2
字数：210 000
定价：118.00 元
（如有印装质量问题，我社负责调换）

前　　言

宏观经济走势的准确预测一直是国家、社会及学界普遍关注的热点，2015 年以来，中国经济进入新常态，GDP（gross domestic product，国内生产总值）增速放缓，未来中国宏观经济走势何去何从备受关注。党的二十大报告提出："从现在起，中国共产党的中心任务就是团结带领全国各族人民全面建成社会主义现代化强国、实现第二个百年奋斗目标，以中国式现代化全面推进中华民族伟大复兴。"[①] 为实现新时代新征程的发展目标，对中国宏观经济形势的分析与预测尤为重要。

本书是 2016 年度国家自然科学基金重点国际（地区）合作研究项目"资本市场交易制度与市场稳定研究"（项目批准号：71620107005）、2017 年度国家自然科学基金面上项目"高维协高阶矩的估计及其在投资组合中的应用"（项目批准号：71771187）、2019 年度国家自然科学基金委员会与比利时弗兰德研究基金会合作交流项目"基于高频、混频数据的高阶矩投资组合研究"（项目批准号：72011530149）的阶段性成果，2018 年度四川省社会科学规划一般项目"基于半参数混频误差修正模型的中国宏观经济形势预测研究"（项目批准号：SC18B131）的结项成果。

本书的研究有利于提高对中国宏观经济指标的预测，为政府相关部门的政策制定以及投资者决策提供重要的科学决策依据。本书的创新之处有以下三点。

（1）本书通过将误差修正项以非参数的形式引入到混频数据模型中，有效避免函数设定的错误，构建单变量的半参数混频误差修正模型（semiparametric error correction model with mixed-data sampling，SEMI-ECM-MIDAS）和多变量的半参数混频向量误差修正模型（semiparametric mixed-frequency vector error correction model，SEMI-MF-VECM），在一定程度上扩展和丰富了混频数据模型的理论方法。

（2）目前并没有相关的检验方法对于误差修正项是否应该以线性的形式引入混频数据抽样模型中，因此本书扩展广义似然比检验，给出一种检验方法以确定误差修正项是否可以以线性形式引入模型中。该检验方法在一定程度上弥补了这

---

① 《习近平：高举中国特色社会主义伟大旗帜　为全面建设社会主义现代化国家而团结奋斗——在中国共产党第二十次全国代表大会上的报告》，https://www.gov.cn/xinwen/2022-10/25/content_5721685.htm，2022 年 10 月 16 日。

方面检验的缺陷。

（3）宏观经济指标大多为非平稳且存在协整关系的变量，将其转化为平稳的数据势必会损失一部分信息，尽管可采用混频误差修正模型建模，但现实中的数据往往并非线性关系，因此利用半参数混频误差修正模型对中国宏观经济指标进行预测时会在一定程度上提高预测精度。

目　　录

第 1 章

导　　论

宏观经济走势预测一直是国家、社会及学界关注的重点。2015 年以来，中国经济进入新常态，国内生产总值增速放缓，未来中国宏观经济走势何去何从备受关注。党的二十大报告提出："从现在起，中国共产党的中心任务就是团结带领全国各族人民全面建成社会主义现代化强国、实现第二个百年奋斗目标，以中国式现代化全面推进中华民族伟大复兴。"①高质量地实现新时代新征程的发展目标，依赖于对中国近期、中期和长期宏观经济形势的精准预判，因此，中国重要宏观经济变量的预测与分析尤为重要。

1.1　写作背景及意义

在众多宏观经济变量中，最受关注的是国内生产总值的增长率。国内已有许多学者使用不同的方法对国内生产总值及其增长率进行预测分析。刘汉和刘金全（2011）、刘汉（2013）利用月度固定资产的投资完成额、月度出口总额、月度社会消费品零售总额三个指标的同比变化率来预测季度实际国内生产总值同比增长率。郑挺国和尚玉皇（2013）利用四个月度金融变量（股票波动率、货币供应量、期限结构利差、人民币实际有效汇率）来预测季度实际国内生产总值同比增长率。高华川和白仲林（2016）通过使用混频近似因子模型估计出了月度国内生产总值同比增长率。

在宏观经济分析中，常用支出法核算国内生产总值，国内生产总值受到投资、消费和净出口这"三驾马车"的拉动。关于消费，党的二十大报告提出"健全宏观经济治理体系，发挥国家发展规划的战略导向作用，加强财政政策和货币政策协调配合，着力扩大内需，增强消费对经济发展的基础性作用和投资对优化供给结构的关键作用"①。随着经济实力的不断提升，中国居民消费结构升级，进入加

---

① 《习近平：高举中国特色社会主义伟大旗帜　为全面建设社会主义现代化国家而团结奋斗——在中国共产党第二十次全国代表大会上的报告》，https://www.gov.cn/xinwen/2022-10/25/content_5721685.htm，2022 年 10 月 16 日。

速阶段。一段时间内居民消费变动的一个重要原因是通货膨胀，一般通货膨胀率可以通过消费价格指数来衡量，所以消费价格指数的预测对预测宏观经济变动趋势有重要意义。周文和赵果庆（2012）认为宏观调控的基础是正确认识通货膨胀率和经济增长率之间的动态关系。柳键等（2017）认为经济增长会带来居民收入的提高，从而有助于消费支出的增加，因此消费价格指数与经济增长之间有着密不可分的关系。关于投资，党的二十大报告提出"增强消费对经济发展的基础性作用和投资对优化供给结构的关键作用"①，这为进一步优化投资结构、扩大有效投资指明了方向。投资的重要组成部分是固定资产投资，因此预测中国固定资产投资对研究中国经济增长有着重要的现实意义。郭国峰和刘孟晖（2006）研究发现固定资产投资与经济增长之间存在正向的关系。宋丽智（2011）认为固定资产投资作为资本积累的重要途径，对宏观经济的作用可以通过短期的需求效应和长期的供给效应来实现，因此对经济增长的拉动作用更为直接和显著。净出口也是核算国内生产总值的重要因素，然而净出口在很大程度上会受到汇率的影响。目前国内对于汇率的研究成果已经相当丰富，卢万青和陈建梁（2007）研究了汇率波动与经济增长之间的关系，发现小幅度的汇率波动对经济增长的影响比较小，但大幅度的汇率波动会对经济增长产生大的影响。丁正良和纪成君（2014）提到人民币实际汇率对进出口贸易、资本项目下的国外直接投资、外汇储备以及经济增长趋势均有重要影响。

产业体系的现代化是中国式现代化的核心，党的二十大报告提出"建设现代化产业体系。坚持把发展经济的着力点放在实体经济上，推进新型工业化，加快建设制造强国、质量强国、航天强国、交通强国、网络强国、数字中国"①。产业结构优化升级是中国经济转型的关键环节，推动产业结构调整是建设现代化产业体系、增强产业核心竞争力、促进产业迈向全球价值链中高端的重要举措。产业结构理论认为，产业结构优化升级是产业结构合理化和高度化的有机统一，产业结构调整和优化升级是中国经济转型的关键环节。吴敬琏（2013）提出产业结构升级的重要特征是经济结构服务化、第三产业增长率快于第二产业增长率。干春晖等（2011）以及时乐乐和赵军（2018）将第三产业产值与第二产业产值之比作为产业结构升级的衡量指标。因此，将产业结构比作为独立的一个宏观经济结构变量进行研究具有较大的现实意义。

本书的理论价值主要体现在：将非参数估计技术与混频误差修正模型结合，提出了 SEMI-ECM-MIDAS 和 SEMI-MF-VECM，在一定程度上扩展和丰富了混频

---

① 《习近平：高举中国特色社会主义伟大旗帜 为全面建设社会主义现代化国家而团结奋斗——在中国共产党第二十次全国代表大会上的报告》，https://www.gov.cn/xinwen/2022-10/25/content_5721685.htm，2022 年 10 月 16 日。

误差修正模型的理论方法。本书提出了误差修正项是否应该以线性形式引入到模型的检验方法，该方法在一定程度上可以检验模型设定错误的问题，为建立合适的模型提供了依据。本书的应用价值主要体现在：基于党的二十大报告对国内经济工作的重要指示，本文聚焦影响中国宏观经济运行的重要经济变量，通过构建SEMI-ECM-MIDAS、SEMI-MF-VECM 等系列计量经济模型，深入研究中国重要宏观经济变量的预测问题，为公共政策制定以及投资者决策提供科学依据。

1.2　写作目的和研究方法

本书的主要研究对象为半参数混频误差修正模型与中国重要宏观经济变量的预测。从计量经济学的角度出发，将误差修正项以非参数的形式引入到混频误差修正模型中，从而构建 SEMI-ECM-MIDAS 和 SEMI-MF-VECM，进一步运用非参数计量经济学、时间序列分析技术、数理统计等方法，对误差修正项是否应以线性的形式引入模型中构造检验统计量。在预测研究方面，基于混频数据、宏观经济、金融数据和半参数混频误差修正模型对重要宏观经济变量进行预测。首先，通过建立半参数混频误差修正模型对单个宏观经济变量进行预测；其次，基于多变量混频向量自回归模型与多变量混频向量误差修正模型对多个宏观经济变量间的数量关系进行研究。研究目标具体为：①建立半参数混频误差修正模型与半参数混频向量误差修正模型；②构造检验统计量对误差修正项形式进行检验；③对中国重要宏观经济变量进行预测研究。

本书采用定性研究与定量研究相结合的研究方法对中国重要宏观经济变量进行预测。在定性研究方面，对国内有关预测宏观经济指标的文献进行归纳总结，分析有关宏观经济指标建模的预测情况，归纳总结过往研究中有助于提升预测表现的宏观经济和金融指标。在定量研究方面，提出半参数混频误差修正模型以及半参数混频向量误差修正模型，给出模型参数估计方法及其渐进性质，并进行蒙特卡罗模拟论证模型的合理性。本书基于 SEMI-ECM-MIDAS、SEMI-MF-VECM 对中国重要宏观经济指标进行预测研究。本书结合描述统计、混频时间序列分析、非参数回归估计、广义似然比检验和协整回归等多种现代统计方法进行理论和实证研究，研究结果具有稳健性。

1.3　写作思路、内容和结构安排

遵循从单变量模型—多变量模型及理论分析—模型设定—参数估计—数量分

析的研究思路，本书回顾以往关于混频数据模型研究的文献以及国内对宏观经济变量预测的研究状况，构建单变量及多变量混频误差修正模型对不平稳混频宏观经济时间序列数据集直接建模，基于所提出的单变量及多变量混频误差修正模型，研究主要关注的宏观经济变量并对其进行预测。具体研究技术路线图如图 1-1 所示，后文结构安排如下。

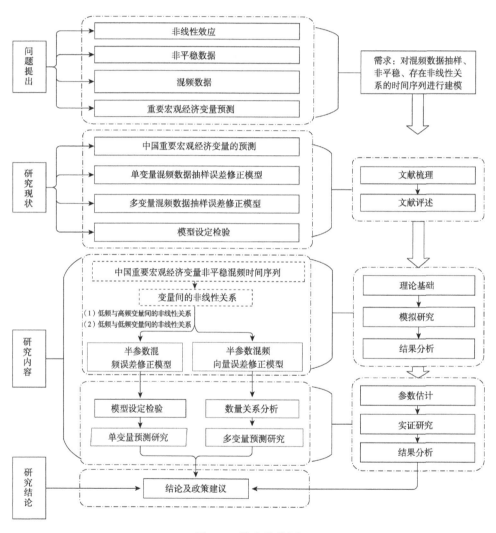

图 1-1　技术路线图

第 1 章为导论。导论就本书的写作背景、写作意义、写作目的、研究方法、写作思路、内容和结构安排以及本书的创新之处进行阐述。

第 2 章为研究现状与文献评述。本章主要包括消费价格指数、固定资产投资、产业结构、人民币汇率、国内生产总值预测和中国重要宏观经济变量数量关系的国内和国外两个方面的文献综述，以及对国内外文献的评述。通过对相关文献的梳理发现，众多学者采用混频数据模型对宏观经济变量进行了预测，但还没有学者将参数模型与非参数模型相结合，研究宏观经济变量之间的协整关系，实现宏观经济变量的半参数预测。

第 3 章为半参数混频误差修正模型的构建。本书将误差修正项以非参数的形式引入到混频模型中，构造 SEMI-ECM-MIDAS，避免函数形式设定错误的问题。基于核估计的两阶段最小二乘法给出 SEMI-ECM-MIDAS 的参数估计、函数估计和渐进性质，对于将误差修正项以非参数的形式引入到混频数据模型中可能产生的函数设定错误的问题，本书对误差修正项的非线性形式提出一种检验方法。借助广义似然比检验的思想，本书拓展 Fan 和 Jiang（2007）提出的广义似然比检验，允许解释变量中存在相对于被解释变量更高频率的数据，构建混频数据模型函数形式的一致性检验，以判断参数模型设定是否合理。

第 4~8 章基于 SEMI-ECM-MIDAS 系列模型对中国重要宏观经济变量进行预测研究，包括消费价格指数、国内生产总值、固定资产投资、产业结构和人民币汇率的预测。各章节首先对被预测宏观经济变量和预测变量进行描述统计，其次建立半参数混频误差修正模型，进行估计与结果分析，再次对模型构建的合理性进行评估，并且与经典预测模型的预测结果进行对比，最后就预测结果进行分析得到相关结论及政策建议。

第 9 章与第 10 章基于混频向量自回归模型、混频向量误差修正模型（mixed-frequency vector error correction model，MF-VECM）和 SEMI-MF-VECM 对重要宏观经济变量进行预测研究。各章节首先对被预测宏观经济变量和预测变量进行描述统计，其次建立混频数据模型，进行估计与结果分析，再次对模型构建的合理性进行评估，并且与经典预测模型的预测结果进行对比，最后就预测结果进行分析得到相关结论及政策建议。

1.4　本书创新之处

本书在经典混频数据模型——ECM-MIDAS 的基础上，结合协整理论构建 SEMI-ECM-MIDAS 对中国宏观经济指标进行预测，给出一种检验误差修正项是否应该以非线性的形式引入到模型中的方法，基于均方根误差和平均绝对误差比较不同预测模型的预测表现。研究系统提出了一整套结合混频数据和多种宏观经济与金融指标的宏观经济预测研究分析框架，从计量理论和实证分析两方面深入讨论中国重要宏观经济变量近期、中期和长期走势，为政府相关部门的政策制定以及投资者决策提供重要的科学决策依据。

本书的创新之处主要体现在以下两方面：一方面，本书通过将误差修正项以非参数的形式引入到混频数据抽样模型中，有效地避免了函数设定错误的问题，构建单变量的 SEMI-ECM-MIDAS，在一定程度上扩展和丰富了混频数据模型的理论方法。目前并没有相关的方法检验误差修正项是否应该以线性的形式引入到混频数据抽样模型中，因此本书扩展广义似然比检验给出一种检验方法以确定误差修正项是否可以以线性形式引入到模型中，该检验方法在一定程度上弥补了上述缺陷；另一方面，宏观经济指标大多为非平稳且存在协整关系的变量，将其转化为平稳的数据必然会损失数据信息，实证研究中通常采用的混频误差修正模型无法刻画变量间的非线性关系，本书提出的半参数混频误差修正模型兼顾混频数据特征以及变量间的非线性关系，具有良好的预测表现。

本书在构建单变量 SEMI-ECM-MIDAS 对中国宏观经济指标进行预测的基础上，考虑宏观经济变量的关联性，构建包含多变量的 MF-VAR、MF-VECM、SEMI-MF-VECM，对宏观经济变量间的联动关系进行预测，基于均方根误差和平均绝对误差比较所提出的模型与线性混频向量误差修正模型的预测能力。

第 **2** 章

研究现状与文献评述

2.1 混频误差修正模型研究

在宏观经济预测的实证研究中经常会面对不同抽样频率的宏观经济变量，传统做法往往是根据高频变量的性质将其加总或平均，将高频变量频率转换为变量中最低频率进行分析。然而，这些方法不可避免地会损失高频变量中隐含的信息，从而降低模型的预测精度。为解决数据不同频时模型估计和预测的问题，Ghysels等（2004）提出了 MIDAS 模型。该模型近年来被广泛应用于宏观经济指标和金融市场波动预测。Ghysels 等（2005）使用 MIDAS 模型研究了股票市场收益率的条件均值和条件方差之间的跨期关系，发现收益和风险之间存在正的显著关系。Ghysels 等（2006）使用不同定义的高频解释变量来预测股票市场的波动。Forsberg 和 Ghysels（2007）研究表明基于绝对收益波动度量未来增量要优于基于收益平方波动的度量方法。徐剑刚等（2007）最早将 MIDAS 模型引入国内并应用于金融领域，利用MIDAS模型和自回归分整(autoregressive fractionally integrated, ABDL)模型研究了中国股市的波动性。Alper 等（2008）使用单变量 MIDAS 模型和日收益率二次方来预测四个发达经济体和十个新兴经济体的周股票市场波动。Clements 和 Galvão（2008）将 MIDAS 模型应用于宏观经济领域，用季度指标来预测美国季度产出增长率，发现 MIDAS 模型在宏观经济总量的短期预测方面有比较优势。Armesto 等（2009）采用 MIDAS 模型研究美国联邦储备委员会（简称美联储）公布的经济报告对季度国内生产总值和失业率的预测能力。刘金全等（2010）通过蒙特卡罗模拟验证 MIDAS 模型在中国宏观经济变量处理上的有效性。刘汉和刘金全（2011）构建了预测中国季度国内生产总值的混合数据回归预测模型，发现 MIDAS 模型在中国宏观经济总量国内生产总值的季度短期预报方面具有较高的精确性，且在实时预报方面具有可行性和时效性的特点。尚玉皇等（2015）通过构建混频利率期限结构模型研究了中国高频月度国债收益率、宏观经济指标通货膨胀率和工业增加值以及低频季度国内生产总值之间的关系，发现混频利率期限结构模型能够准确捕捉中国国债收益率期限结构因子。Foroni 等

（2015a）提出了对滞后多项式的系数不加任何约束的 U-MIDAS（unrestricted-MIDAS，无约束混频数据抽样）模型，并利用月度指标对美国和欧盟整个地区的国内生产总值增长率进行了样本外预测，发现在月度和季度变量混合回归时，即样本数据频率差异较小时用 U-MIDAS 模型比较好，当样本数据之间频率差异较大时用 MIDAS 模型比较好。于扬（2016）深入剖析了 MIDAS 模型的内部结构，并与传统分布滞后模型作了对比分析，指出 MIDAS 模型与传统回归模型的区别与联系。

具体来看，MIDAS 模型在预测中的优势主要有以下两点：第一，可避免在传统混频数据模型估计中为保证数据同频而对高频数据进行处理引起的信息损失；第二，高频数据的及时更新有助于提高模型的预测和预报的及时性与准确性。

尽管混频数据模型的应用前景十分广泛，但现有大部分 MIDAS 模型的应用仍局限在平稳时间序列的框架下，如 Foroni 等（2015b）、Harchaoui 和 Janssen（2018）的相关研究。而非平稳时间序列，往往也是通过简单的一阶差分形式变换为平稳时间序列再进行分析，如 Galvão（2013）、Monteforte 和 Moretti（2013）的研究便采用此种处理方法，但是对非平稳时间序列进行一阶差分的传统做法往往会损失变量之间可能存在的长期关系。国内对 MIDAS 模型的建模也面临同样的平稳性约束，如龚玉婷等（2016）、王维国和于扬（2016）、袁铭和温博慧（2017）等学者的研究。传统的协整理论局限于处理同频时间序列，而在协整分析之前对非同频数据进行处理的方法存在一定的缺陷。Miller（2014）提出了 CoMIDAS（cointegrating MIDAS，协整混频数据抽样）模型来处理具有协整关系的混频数据，并使用月度金融协变量来预测全球实际季度经济行为。Götz 等（2014）较早考虑了协整关系对提高混频模型预测能力的潜在影响，通过引入低频误差修正项的方式构建混频误差修正模型——ECM-MIDAS，通过与其他混频抽样模型比较发现，误差修正项的引入显著提高了模型的预测能力。单变量混频参数模型获得了广泛应用，然而在实证研究中，模型的具体形式往往并未已知，Chen 和 Ghysels（2011）提出了半参数 MIDAS 模型，发现该模型的有效性优于同频数据模型，此模型主要应用于高频金融事件序列的混频建模。Tay（2007）通过引入股票收益率把季度国内生产总值的一阶自回归 AR(1) 扩展为非参数 MIDAS 模型来预测季度实际国内生产总值的增长率，通过分别引入日股票收益率和最近 r 日股票收益率，发现引入低频的股票收益率可以提高实际国内生产总值的预测准确率。Breitung 和 Roling（2015）采用了样条方法对 MIDAS 模型进行了扩展，建立了样条 MIDAS 模型，并用参数和非参数方法来评估各种日常指标的预测能力，并预测月度通货膨胀率。

2.2　消费价格指数预测研究

总的来说，消费价格指数的预测方法可归纳为两大类：一类是理论驱动型，另一类是数据驱动型。理论驱动型方法依赖特定的经济理论和经验事实，而数据驱动型方法则较少依赖经济理论而强调用数据本身来说话。具体来说，对于前者，如果理论假设太过理想，预测结果可能会与实际相离甚远，如果涉及的经济因素过于全面、涉及的变量过多又会导致某些变量无法量化，使得预测无法获得。比较而言，后者运用通货膨胀的历史信息及相关变量建立模型，是一种简单的、预测精度较高的时间序列预测方法，因而被国内外众多学者广泛使用。Bagliano 和 Morana（2003）使用名义货币增长率、产出波动率和原油价格对美国的通货膨胀进行了长期预测。Bhattacharya 和 Thomakos（2008）使用向量自回归（vector autoregression，VAR）模型，采用最终商品、中间商品和原材料出口价格以及国内生产价格指数对消费价格指数进行预测。Bel 和 Paap（2016）考虑到通货膨胀可能存在非线性这一特征，建立逻辑平滑转移自回归模型估计美国的通货膨胀。Delle Monache 和 Petrella（2017）提出了一种允许分布具有厚尾特征的时变参数自回归模型，并使用该模型对美国消费价格指数进行了预测。

在国内，叶阿忠和李子奈（2000）发现通货膨胀存在 GARCH（generalized autoregressive conditional heteroskedasticity，广义自回归条件异方差）现象，通过比较发现通货膨胀的 GARCH(1,1)模型拟合效果优于自回归模型。何启志和范从来（2011）在自回归模型的基础上构建了一个动态模型，对中国通货膨胀的动态特性做了实证分析。卢二坡和沈坤荣（2015）使用频域格兰杰因果关系检验发现中国各层次的货币增长可以在不同的频段为消费价格指数提供预测信息。因此，本书允许误差修正项以非参数形式进入的方式构建半参数误差修正模型，基于该模型，利用国际原油市场、中国股票市场和货币市场与消费价格指数之间潜在的协整关系，对中国消费价格指数进行预测，并与传统模型结果进行比较。

2.3　国内生产总值预测研究

关于国内生产总值的预测研究，国内外学者提出了多种预测方法。归纳来看，国内生产总值的主要预测方法可分为传统概率统计模型、灰色预测模型、机器学习模型及其组合模型。传统概率统计模型发展时间较长，是较为成熟的一套预测模型，包括自回归移动平均模型、回归模型等，在国内生产总值的预测中被广泛应用。华鹏和赵学民（2010）采用 ARIMA（autoregressive integrated moving average，差分自回归移动平均）模型对广东省的地区生产总值进行预测，但由于地区生产总值具有较强的非线性特征，单一线性模型往往不能有效地利用信息，从而难以收获令人满意的预测效果。并且，国内生产总值指标的统计周期过长导致数据量与其他指标不统一，传统时间序列建模通常是在建模之前先将高频月度数据通过一定的统计方法化为与国内生产总值相同的低频季度数据，然后通过同频模型进行实证。Marcellino（1999）指出这种方式严重损失了高频月度数据本身的潜在信息，数据信息的利用不充分会进一步导致预测效果不佳等问题出现。已有大量学者通过混频数据模型对预测、因果关系分析等问题进行了研究。郑挺国和王霞（2013）构建了一种能够综合利用中国经济指标季度国内生产总值和工业增加值增速、固定资产投资完成额增速等五个月度指标的经济周期计量模型，该模型有效识别了中国 1992 年至 2011 年的经济周期变化。金融与经济共生共荣，但是通常金融市场的数据都是高频的，所以郑挺国和尚玉皇（2013）基于混频数据模型，利用高频的金融指标对中国的国内生产总值进行预测分析，MIDAS 模型总体上好于基准模型且短期预测效果甚佳，同时发现货币供应量、期限结构利差和实际有效汇率的短期预测精度占优。栾惠德和侯晓霞（2015）、尚玉皇等（2015）和龚玉婷等（2016）都采用混频数据很好地刻画了金融市场与宏观经济的关系。同样，宏观经济指标之间也存在非常明显的频差关系，投资、消费和净出口是拉动中国经济增长的"三驾马车"，但这三个指标通常是月度指标，因此刘汉和刘金全（2011）将 MIDAS 模型用于中国季度国内生产总值的预测，其结果表明，出口是导致我国经济在金融危机时期下滑的最主要因素。同时，混频数据模型对中国宏观经济的短期预测效果较好，具有较强时效性。李正辉和郑玉航（2015）同样结合月度和季度宏观数据对中国经济周期进行了研究。即使使用混频数据模型可以处理数据信息不完全的问题，但很多研究表明宏观经济指标之间表现出了明显的非线性关系，如袁铭和温博慧（2017）使用混频非线性因果关系检验发现中国经济增长与消费者信心之间是非线性关系，杨子晖（2010）通过实证检验表明能源和经济增长之间是非线性关系。马薇和袁铭（2010）通过实证表明非参数核密度估计方法能够较好地解决变量之间的非线性关系。为刻画宏观经济变量之间的非线性动态关系，Götz 等（2014）用蒙特卡罗模拟评估了带有和不带有动态混频协整关系的平均采样及平均采样的预测能力，发现忽略协整关系会降低所有方法的预测性能，进一步使用 ECM-MIDAS 对美国的通货膨胀率进行了预测分析。因此，鲁万波和杨冬（2018）采用半参数混频误差修正模型对中国宏观经济指标消费价格指数进行了多种方式的预测，结果显示在固定窗口、递归窗口和滚动窗口的预测中，半参数混频误差修正模型的预测精度都优于其他基准模型。综合模型结合了多种方法的优点，更好地刻画了变量之间的非线性关系。

2.4 固定资产投资预测研究

国内关于固定资产投资影响因素的实证研究较为丰富。范子英和彭飞（2017）

分析了增值税政策对企业固定资产的影响，并指出增值税改革对企业固定资产投资有显著的促进作用。刘啟仁等（2019）分析了税收优惠增加对企业固定资产投资行为的影响机制，并指出税收优惠政策可以显著促进企业的固定资产投资。刘金叶和高铁梅（2009）通过 SVAR（structural vector autoregression，结构向量自回归）模型分析了财政政策和货币政策对固定资产投资的影响，实证结果指出在经济平稳时期，货币政策对固定资产投资影响显著。张延群（2016）通过含误差修正项的 VAR 模型发现房地产投资对非房地产投资存在明显的挤出效应。自 2005 年人民币汇率改革以来，随着汇率形成机制改革的不断深化，国内大量文献研究指出人民币汇率变动对固定资产投资增长率的影响力逐步扩大。曹伟和申宇（2013）研究了汇率水平变化和波动幅度对固定资产投资的影响，并指出人民币汇率升值会抑制劳动密集型行业的固定资产投资，而资本密集型行业的固定资产投资对汇率变动不敏感。相似地，刘思跃和唐松慧（2017）也从相同的角度考察了汇率对固定资产投资的传递效应，其研究指出人民币贬值会刺激固定资产投资，而资本密集型行业对汇率波幅变动较为敏感。张婷和程健（2013）基于 G7 国家[①]的数据对实际有效汇率、固定资产投资与经济增长之间的关系进行了研究，他们发现不同国家的实际有效汇率对固定资产投资的影响方向不同，实际有效汇率的贬值对大部分国家存在反向影响。

关于固定资产投资的预测，国内有大量文献使用 ARIMA 模型对固定资产投资进行预测，也有部分学者使用灰色理论、线性规划等方法进行建模预测。陈悦华和廖造壮（2012）根据武汉市 2001～2010 年固定资产投资数据，利用灰色理论对未来几年武汉市的固定资产投资额进行预测，预测结果有较高的精度。王佳宜和姚俭（2013）指出使用采购经理指数（purchasing managers' index，PMI）指标对月度固定资产投资进行预测可以显著增强 ARIMA 模型的预测效果。

尽管国内外对固定资产投资预测的文献众多，但几乎都基于同频数据对固定资产投资进行预测，而各种宏观经济变量数据的频率存在差异，仅仅利用同频数据进行建模会忽视高频数据变动的影响，导致大量高频数据信息无法被捕捉而使得固定资产投资预测存在较大偏差。因此，如何在快速识别外部非线性冲击的基础上对固定资产投资进行预测显得尤为重要。

2.5 产业结构预测研究

国内外学者已对影响产业结构的重要因素进行了大量的理论和实证的研究，

---

① G7 国家分别为美国、英国、法国、德国、日本、意大利和加拿大。

这些影响因素包括货币政策、金融集聚、外商投资、对外贸易、生产要素流动性、技术创新等。

从货币政策对产业结构的影响来看，刘鸿儒和邵伏军（1989）指出货币政策可以通过调控资金的运动影响资金在各个产业中的分布进而影响产业结构。刘金全和刘汉（2013）基于实证结果进一步分析货币政策对产业结构的影响。其研究发现：货币供给的冲击对中国三次产业的影响不同；适度的扩张性货币政策有助于产业结构的调整。同时，货币存量对产业结构的影响主要通过金融资产和实际资产的相互转化实现，但过多的货币存量将不利于产业结构调整。

在金融聚集对产业结构的影响方面，Peneder（2003）指出金融集聚主要通过两个方面影响产业结构：一方面，金融聚集会使市场竞争能力强且投资收益率高的企业获得较多的投资，同时，会进一步增加行业之间的资源共享和信息交流，加快生产要素的流动以推动产业结构调整；另一方面，金融聚集会降低交易成本，提高资源配置，进而推动产业结构调整。于斌斌（2017）从资源优化、网络经济、创新激励、累计循环、外部规模经济效应方面分析金融聚集对产业结构的影响机理，从实证的角度证实了金融聚集与产业结构的关系。

外商投资同样是产业结构的重要影响因素。郭克莎(2000)的研究表明，1979～1998年，外商投资主要集中在第二产业的工业部门，对第三产业的投资较少，这制约了中国第三产业的发展，从而使中国工业过度扩张。也有学者分析对外投资对产业结构的影响，如汪琦（2004）的研究表明对外投资通过资源补缺、传统产业转移、产业关联辐射等促进投资国的产业结构调整，但其对投资国的就业和国际收支平衡等方面也会带来负面影响进而抑制产业结构调整。贾妮莎等（2014）建立误差修正模型分析对外投资和外商投资两种因素对产业结构优化升级的长期和短期影响，实证表明它们长期存在稳定的协整关系，外商投资和对外投资都是影响产业结构的宏观经济因素。

对外贸易对产业结构的影响源于对外贸易可以产生知识溢出效应以推动技术进步，从而促进产业结构的升级（杜传忠和郭树龙，2011），同时，它还可以解决结构性产品短缺和产品过剩的问题，以推动产业结构的调整。一方面，对外贸易通过出口扩大内需以促进资源配置，进而优化产业结构；另一方面，对外贸易通过进口引进先进技术、推动传统产业升级和新兴产业发展，最终实现产业结构的优化升级。因此，对外贸易从进口和出口两个方面来对中国的产业结构产生影响。

在生产要素流动性和技术创新对产业结构的影响方面，干春晖和郑若谷（2009）指出中国早期劳动力的流动性较强，带来了"结构红利"，加快推进了产业结构的演进，但同时期资本的流动性较差，产生了"结构负利"，阻碍了产业结构的演进。刘成坤和赵昕东（2020）发现人口老龄化在短期内会对产业结构升级产生不利影响，但在长期内会显著推动产业结构升级。另外，王羿和汪浩瀚（2019）、陈淑云和曾龙（2017）基于土地要素的研究证明：土地要素价格扭曲会引起过度投资和资源错配等问题，从而阻碍产业结构的优化升级。此外，科技创新也是影响产业结构的重要因素。具体而言，科技创新会促进劳动分工、提高劳动生产率、改变需求结构、催生新产业、加快传统产业改造，以此来推动产业结构调整。

综上所述，产业结构指标是宏观经济中的重要指标，它在影响众多宏观经济变量的同时也受到其他宏观经济因素的影响。在建立产业结构指标预测模型时，要综合考虑多种因素，并选取较合适的指标进行建模。

2.6　人民币汇率预测研究

汇率预测研究主要聚焦于对单变量汇率时间序列和隐含波动率的建模研究。以汇率自身历史变化为依据对单变量汇率时间序列建模预测的方法已相对成熟，主要包括 ARIMA 模型、指数平滑技术、GARCH 模型等。吴诣民和成明峰（2008）选取人民币对欧元的周数据，利用马尔可夫链模型预测人民币汇率的波动及走势。Kim（2009）、dal Bianco 等（2012）、Park C 和 Park S（2013）利用货币模型对汇率进行研究，发现所使用模型的效果明显优于随机游走，进而表明模型预测可获得更好的效果。Yin 和 Li（2014）利用宏观经济变量建立无套利宏观金融模型，发现使用该模型可以解释 57%的汇率预期变动。惠晓峰等（2003）论证 GARCH 模型在汇率预测中的可行性后，采用滚动算法与递归算法得到较为满意的结论。之后研究学者提出非参数方法，使得模型稳健性增强，汇率预测结果的精度得到有效改善。非参数方法避免对数据分布进行提前设定，从而避免了设定偏误对预测结果的干扰。在 2015 年"8·11"汇改后，张见（2017）对人民币汇率中间报价改革的后续影响进行了断点检验，并使用阶段自回归分析确定了人民币汇率的调整机制，对结构突变进行了验证。周晓波等（2019）使用混合人工神经网络模型，对人民币汇率进行预测，并与传统的 ARMA（autoregressive moving average，自回归移动平均）模型、ARCH（autoregressive conditional heteroskedasticity，自回归条件异方差）模型和 GARCH 模型进行了对比，发现混合人工神经网络模型的预测能力显著优于其他模型。鲁万波和陈映彤（2020）基于半参数误差修正模型，选取美元对人民币的月度平均汇率，对中国市场汇率做进一步的预测研究。

基于隐含波动率的建模研究在股市预测中应用较为广泛，但在汇率预测方面，由于中国外汇期权推出时间较晚，国内这一方向的研究文献较少。王琦等（2014）基于人民币对美元汇率与人民币对外期权市场价格，构建随机波动率模型，对人民币汇率的稳态分布与均衡波动率曲面进行有效度量。杨小玄和刘立新（2016）采用滚动预测与 SPA（superior predictive ability，高级预测能力）检验，对汇率隐含波动率的预测能力进行评估，发现其效果更优。

从以上文献中可以看出，这些方法均基于同频数据对汇率进行预测研究，没有考虑到不同数据频率对预测效果的影响。对单变量汇率时间序列的建模研究虽然较为成熟但是在经济意义解释中始终存在问题，尤其在汇率超出基本面波动时，模型结果存在较大偏差。基于隐含波动率的建模研究虽然考虑了汇率自身与外界因素的变化，但在经济解释中仍存在问题，且模型指标选取存在较大局限，没有综合考虑宏观经济与金融市场的各类指标对汇率的影响。综合上述文献特点，我们考虑使用混频模型对人民币对美元汇率中间价进行预测研究，允许误差修正项以非参数形式进入的方式构建半参数误差修正模型，并基于该模型，分析主要经济指标与金融混频数据对汇率的影响，并与传统模型结果进行比较。

2.7　中国重要宏观经济变量数量关系研究

在宏观经济问题中，国内生产总值往往备受关注，国内生产总值的变动受到其他重要宏观经济变量的持续影响的同时，众多经济变量也受到国内生产总值变动的冲击。国内生产总值常用支出法进行核算，其受投资、消费和净出口这"三驾马车"的拉动。首先，通货膨胀很大程度上会影响居民消费，消费价格指数的变动一般用于衡量通货膨胀或紧缩的程度，消费价格指数预测研究对于预测宏观经济具有重要意义。刘金全和张鹤（2004）的研究表明，中国经济运行中出现显著的托宾效应，说明适度通货膨胀对于保持经济增长是有利的。王双正（2009）计量经济分析结果表明，通货膨胀与经济增长具有双向的格兰杰因果关系。周文和赵果庆（2012）认为宏观调控的基础是认清通货膨胀率和经济增长率的动态关系。柳键等（2017）认为经济增长会使居民收入提高，从而带来消费的增加。其次，投资的重要组成部分是固定资产投资，因此固定资产投资的预测对研究中国经济增长趋势意义重大。郭国峰和刘孟晖（2006）认为固定资产投资增长与经济增长存在正向的关系。宋丽智（2011）研究发现固定资产投资作为资本积累的重要途径，对宏观经济增长的作用通过短期的需求效应和长期的攻击效应来实现。再次，国内生产总值产业结构的合理性也会影响经济增长的快慢，干春晖等（2011）的研究结果表明产业结构合理化和高级化进程对经济增长的影响有明显的阶段性特征。最后，关于净出口，汇率是影响其变动的重要因素，净出口预测人民币汇率具有重要的现实意义。卢万青和陈建梁（2007）研究了汇率波动与经济增长的关系，发现小幅度的汇率波动对经济增长的影响较小，但大幅度的汇率波动对经济增长的影响显著。丁正良和纪成君（2014）研究发现人民币实际汇率对进出口贸易、资本项目的国外直接投资、外汇储备以及经济增长趋势均有重要影响。

2.8　文　献　评　述

混频数据模型与方法的发展经历了由平稳数据建模到非平稳数据建模和由参数模型到非参数模型的演变过程。但是，还没有学者将参数模型与非参数模型相结合来研究宏观经济变量之间的协整关系，实现宏观经济变量的半参数预测。而宏观经济变量之间往往存在显著的协整关系，通过允许误差修正项以非参数形式进入的方式构建半参数单变量混频误差修正模型，进一步构造半参数混频向量误差修正模型，从而实现中国重要宏观经济变量的准确预测。在宏观经济变量的选择方面，消费价格指数、固定资产投资、产业结构、人民币汇率和国内生产总值等重要宏观经济变量的预测问题尚存在较大缺陷：一是现有文献对于宏观经济变量本身的非平稳性和变量间存在的协整关系探讨不足；二是固定资产投资、产业结构、人民币汇率和国内生产总值等宏观经济变量多为年度和季度抽样，但其预测变量的抽样频率可能为年度、季度或月度抽样，忽略了混频数据的数据生成过程，低频化高频数据的传统同频建模方式会造成模型的失真；三是这些宏观经济变量与它们的预测变量之间的非线性关系没有得到充分的探讨。因此，本书的研究将对混频数据抽样模型进行扩展，基于非线性混频数据模型对中国宏观经济变量进行预测，旨在为政策制定者和投资决策者提供重要的科学决策依据。

第 ❮ 3 ❯ 章

半参数混频误差修正模型的构建

Ghysels 等（2004）提出了 MIDAS 模型，该模型可以非常简便地估计非同频参数并提高预测的及时性和精确程度。MIDAS 模型在预测中可以避免在传统混频数据模型估计中为保证数据同频而对高频数据进行处理引起的信息损失，同时MIDAS 模型中高频数据的引入使得模型在预测方面更加精准。

3.1　半参数混频误差修正模型形式

MIDAS 模型由 Ghysels 等（2004）提出，其思想来源于分布滞后模型，但 MIDAS 模型与分布滞后模型的不同之处在于能够直接处理混频数据，避免由数据加总或插值导致的信息损失或人为信息的虚增，使得该模型在估计方面更加有效，在预测方面更加精准。本章构建的 SEMI-ECM-MIDAS 来源于混频自回归分布滞后模型。令被解释变量 y_t 和解释变量 $x_t^{(m)}$ 均为非平稳的一阶单整序列。m 表示解释变量 $x_t^{(m)}$ 相对于被解释变量 y_t 抽样频率的倍数，且 t 时刻的动态混频协整关系可表示为

$$\omega_{t-1-\frac{i}{m}} = y_{t-1} - kx^{(m)}_{t-1-\frac{i}{m}}, \ i = 0, 1, \cdots, m-1 \quad （3.1）$$

其中，$k=B(1)/A(1)$，$A(1)$ 为低频一阶分布滞后多项式，$B(1)$ 为高频一阶分布滞后多项式。

SEMI-ECM-MIDAS 的模型形式为

$$A(L)\Delta y_t = g\left(\omega_{t-1-\frac{i}{m}}\right) + B\left(L^{\frac{1}{m}}\right)\Delta^{\left(\frac{1}{m}\right)} x_t^{(m)} + \varepsilon_t \quad （3.2）$$

其中，$g(\cdot)$ 为未知待估计的函数；L 为低频滞后算子，$L^{1/m}$ 为高频滞后算子，即 $L^{1/m}x_t^{(m)} = x_{t-1/m}^{(m)}$；$\Delta$ 为低频差分算子；$\Delta^{1/m}$ 为高频差分算子，即 $\Delta^{1/m}x_{t-i/m}^{(m)} = (1-L^{1/m})x_{t-i/m}^{(m)} = x_{t-i/m}^{(m)} - x_{t-i/m-j/m}^{(m)}$；$A(L)$ 为（$p-1$）阶低频滞后多项式，$B(L^{1/m})$ 为（$q-1$）阶高频滞后多项式且其具体形式取决于式（3.1）中 $x^{(m)}_{t-1-\frac{i}{m}}$ 的选取方式，p

和 q 分别为低频和高频变量的滞后算子的滞后阶数；ε_t 为随机误差项。

基于 Li 和 Wooldridge（2002）提出的半参数模型估计方法并结合两阶段最小二乘法对式（3.2）进行估计。具体估计过程如下。

第一步，基于式（3.2）从 $i=0,1,\cdots,m-1$ 中选择适合的滞后阶数采用最小二乘估计获得非均衡误差项 $\omega_{t-1-i/m}$ 的估计值 $\widehat{\omega}_{t-1-i/m}$。

第二步，在假设 $a=E\left[g\left(\widehat{\omega}_{t-1-\frac{i}{m}}\right)\right]$ 且 $E\left[g^2\left(\widehat{\omega}_{t-1-\frac{i}{m}}\right)\right]<+\infty$ 条件下，$E(\cdot)$ 为期望，式（3.2）可简化为式（3.3）

$$A(L)\Delta y_t = a + B\left(L^{\frac{1}{m}}\right)\Delta^{\left(\frac{1}{m}\right)}x_t^{(m)} + \mu_t \tag{3.3}$$

此时有 $\mu_t = g(\widehat{\omega}_{t-1-i/m}) - E[g(\widehat{\omega}_{t-1-i/m})] + \varepsilon_t$，$E(\mu_t) = E(\varepsilon_t) = 0$ 且 $E(\mu_i^2) < +\infty$。对于参数无约束的 ECM-MIDAS 而言，可直接用最小二乘估计求得 $B(L^{1/m})$ 的第一次估计 $\widehat{B}\left(\dfrac{1}{L^m}\right)$。

第三步，基于第二步回归得到的残差，并同时利用第一步获得的非均衡误差项的估计值 $\widehat{\omega}_{t-1-\frac{i}{m}}$ 构建模型 $\widehat{\mu}_t = g\left(\widehat{\omega}_{t-1-\frac{i}{m}}\right) + \varepsilon_t$ 估计出 $g\left(\widehat{\omega}_{t-1-\frac{i}{m}}\right)$。此处我们采用 leave-one-out（留一）交叉验证的方法选择最优窗宽，并使用 Nadaraya-Watson 正态核估计方法进行非参数回归估计：

$$\widehat{g}\left(\widehat{\omega}_{t-1-\frac{i}{m}}\right) = \widehat{E}\left(\mu_t \middle| \widehat{\omega}_{t-1-\frac{i}{m}}\right) = \frac{\sum_{j\neq t}\mu_j K\left(\dfrac{\widehat{\omega}_{t-1-\frac{i}{m}} - \widehat{\omega}_{j-1-\frac{i}{m}}}{h_T}\right)}{\sum_{j\neq t} K\left(\dfrac{\widehat{\omega}_{t-1-\frac{i}{m}} - \widehat{\omega}_{j-1-\frac{i}{m}}}{h_T}\right)} \tag{3.4}$$

其中，h_T 为窗宽；$K(\cdot)$ 为核函数。

再将式（3.4）估计得到的 $\widehat{g}\left(\widehat{\omega}_{t-1-\frac{i}{m}}\right)$ 代回式（3.2），得到式（3.5）

$$A(L)\Delta y_t = \widehat{g}\left(\widehat{\omega}_{t-1-\frac{i}{m}}\right) + B\left(\frac{1}{L^m}\right)\Delta^{\left(\frac{1}{m}\right)}x_t^{(m)} + \varepsilon_t \tag{3.5}$$

第四步，再一次使用最小二乘估计获得 $B(L^{1/m})$ 的第二次估计 $\widehat{B}\left(\dfrac{1}{L^m}\right)$。

根据 Li 和 Wooldridge（2002）的结论，使用以上的非参数核密度方法进行估计时，可以保证参数估计的一致性，并且未知参数 $A(L^{1/m})$、$B(L^{1/m})$ 和 κ 以 $\sqrt{T}$ 的速度渐进收敛于正态分布，T 为样本数。

3.2　蒙特卡罗模拟

为检验本章提出的 SEMI-ECM-MIDAS 在预测中是否具有优良的性质，我们采用蒙特卡罗模拟方法对其进行检验，并通过计算 Götz 等（2014）提出的 ECM-MIDAS 预测结果，基于均方根误差和平均绝对误差准则判断两种模型预测性能的优劣。为不失一般性，本章仅考虑存在一个高频解释变量的广义 ECM-MIDAS，并假定数据频率倍差 $m=4$，即

$$\Delta y_t = g(y_{t-1} - x_{t-1}^{(4)}) + \rho \Delta y_{t-1} + \sum_{i=0}^{3} \beta_i \Delta^{\left(\frac{1}{4}\right)} x_{t-\frac{i}{4}}^{(4)} + \varepsilon_t \qquad (3.6)$$

其中，y_t 和 $x_{t-\frac{i}{4}}^{(4)}$ 均为一阶单整序列；$y_{t-1} - x_{t-1}^{(4)}$ 为零阶单整序列；ρ 和 β_i 为系数。

在 $g(\cdot)$ 的选取上，本章采用常见的逻辑函数作为平滑转移函数形式，该函数被广泛应用于广义线性模型的检验当中（Medeiros and Magri，2013）。其具体表达形式如下：

$$g(z_t) = \alpha z_t + \frac{1}{1 + \exp\left[-\lambda(z_t - l)\right]} \delta z_t \qquad (3.7)$$

其中，α 和 δ 为线性和非线性部分在平滑转移函数中的比重；λ 为控制平滑转移速度；l 为位置参数。

解释变量数据生成过程令 $x_0^4 = u_1$，$\Delta^{(1/4)} x_{t-i/4}^{(4)} \sim$ i.i.d.$N(0,1)$，$u_1 \sim N(0,1)$，$\varepsilon_t \sim$ i.i.d.$N(0,1)$，y_t 则由 $y_t = y_0 + \sum_{i=1}^{t} \Delta y_i$ 即可生成，对于被解释变量 y_0 的初始值，我们令 $y_0 \sim N(0,1)$ 且 $y_{t-1} = 0$，因此 $\Delta y_0 = y_0$。由于本章主要关注 SEMI-ECM-MIDAS 的预测性能，此处我们假定误差修正项中回归系数 $\kappa=1$，同时令被解释变量滞后项系数 $\rho=0.5$，$g(\cdot)$ 是潜在的非线性函数，从而式（3.6）拥有线性协整关系但对长期均衡具有非线性的影响。与 Medeiros 和 Magri（2013）设定方法基本一致，这里我们假定 $\alpha=0.1$，$\lambda=10$，$\delta=0.3$，$l=2$。在高频解释变量参数 β_i 的设定上，我们假定在不同时期解释变量对被解释变量均具有正向但递减的影响，该模拟部分系数由标准化指数 Almon 滞后多项式生成，对应的系数分别为 0.455、0.276、0.167、0.102。假定低频变量样本容量为 100，在数据生成过程中，我们实际共生成了 161 个样本，将前 60 个初始样本剔除，并保留最后一个样本作为真实观测值

与两种模型的预测值进行比较。重复所有计算过程 1000 次，并计算 ECM-MIDAS 均方根误差大于 SEMI-ECM-MIDAS 均方根误差的个数占总模拟次数的比值，该比值越趋近于 1，表明 SEMI-ECM-MIDAS 预测效果越优于 ECM-MIDAS 模型。

3.2.1　模拟结果

通过 1000 次模拟的两个模型的一步预测结果发现，SEMI-ECM-MIDAS 均方根误差小于 ECM-MIDAS 均方根误差的个数占到了总模拟次数的 84%，可见 SEMI-ECM-MIDAS 在预测方面具有显著的优势。同时，为了能够清晰地反映 SEMI-ECM-MIDAS 参数估计的渐进情况，图 3-1 给出了该模型在样本量分别为 50、100 和 200 条件下各个参数估计结果的箱线图，从上至下分别对应参数 ρ、β_0、β_1、β_2、β_3 在不同样本容量下估计量的箱线图。为了便于观察，数据生成过程的初始设定参数为 $\rho = 0.5$、$\beta_0 = 0.455$、$\beta_1 = 0.276$、$\beta_2 = 0.167$、$\beta_3 = 0.102$，在图 3-1 中用虚线表示。可以发现，随着样本容量从 50 增加到 200，图 3-1 中 SEMI-ECM-MIDAS 的各个参数估计结果逐渐趋近于初始参数的设定值，方差也随着样本量的增加而逐渐减小，且无论样本在何种情况下，数据形态均呈现出了明显的正态分布特征，该结果也在一定程度上表明了使用本章方法获得的参数具有一致性和渐进正态性。

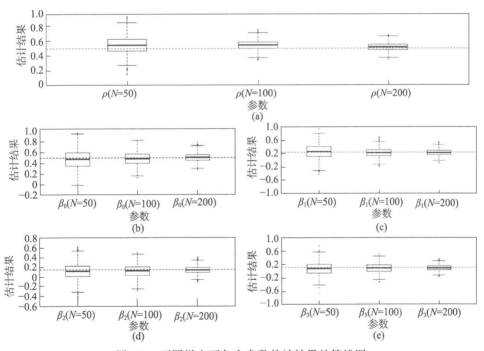

图 3-1　不同样本下各个参数估计结果的箱线图

3.2.2　稳健性检验

为了进一步检验平滑转移函数不同参数的设定对模型预测稳健性的影响，我们假定式（3.7）中 δ 取值分别为 0.4 和 0.8，λ 取值分别为 0.75、3 和 9，比较 SEMI-ECM-MIDAS 和 ECM-MIDAS 预测的优劣情况。其中，δ 反映了非线性部分在平滑转移函数中的比重，其数值越大，非线性部分在平滑转移函数中所起的作用越强；λ 控制非线性部分平滑转移的速度，其数值越大，转移速度越快，非线性同样越强。同样地，在数据生成过程中我们实际生成了 161 个样本，将前 60 个初始观测值剔除，并将最后一个样本作为真实观测值，最终与两种模型的预测值进行比较，所有计算过程同样重复 1000 次。

表 3-1 给出了在平滑转移函数为逻辑函数时，ECM-MIDAS 均方根误差大于 SEMI-ECM-MIDAS 均方根误差的个数占总模拟次数的比值，其比值越趋近于 1，表明本章提出的 SEMI-ECM-MIDAS 预测性能越好。在保持 δ 不变的条件下，随着平滑转移速度参数 λ 的增加，均方根误差比值在整体上均达到了 85%以上且相对稳定，表明 SEMI-ECM-MIDAS 在大部分情况下优于 ECM-MIDAS，同时可以发现平滑转移速度参数 λ 的大小对 SEMI-ECM-MIDAS 的预测性能影响较小。相比之下，在平滑转移速度参数 λ 保持不变的条件下，随着非线性成分权重参数 δ 从 0.4 增加到 0.8，均方根误差的比值显著提高，最低达到了 95.4%，这表明随着非线性部分 δ 在平滑转移函数中比重的增加，SEMI-ECM-MIDAS 可以很好地识别非线性特征并用于提高模型的预测能力。

表 3-1　不同参数和样本下模型预测效果

(δ, λ)	（0.4, 0.75）	（0.4, 3）	（0.4, 9）	（0.8, 0.75）	（0.8, 0.75）	（0.8, 9）
均方根误差比值	0.855	0.859	0.856	0.954	0.971	0.959

3.3　非线性半参数误差修正模型

在目前的混频模型研究中，无论是 Ghysels 等（2004）提出的 MIDAS、Clements 和 Galvão（2008）提出的加入解释变量滞后项的 MF-DL（mixed-frequency distributed lag，混频分布滞后）模型，还是 Götz 等（2014）提出的考虑误差修正机制的 ECM-MIDAS 在经济变量间的相互影响上都只考虑了线性关系。虽然 Chen 和 Ghysels（2011）在 Linton 和 Mammen（2005）的半参数 ARCH 模型的基础上考虑到高频变量影响的非线性结构，提出 SEMI-MIDAS，但是他们也指出该模型依赖于大样本，即 SEMI-MIDAS 的估计有良好的大样本性质却不适用于小样本，因此该模型也仅仅是应用于高频金融时间序列的混频数据建模中，宏观经济数据分析和预测的小样本特性无法满足 SEMI-MIDAS 的样本量需求。

在 ECM-MIDAS 和 MF-DL 的基础上，鲁万波和杨冬（2018）提出可以应用宏观经济研究的 SEMI-ECM-MIDAS，该模型在误差修正机制中引入非线性的误差修正项，但是该模型也没有刻画出宏观经济波动过程中变量间非线性的动态调整机制。显而易见的是，宏观经济变量间的相互影响往往并不符合线性假定，如财政政策和货币政策对其他宏观经济变量的非线性影响的研究就颇为丰富，因此在 ECM-MIDAS 中引入非线性结构对刻画宏观经济变量间的非线性特征具有重要作用。

基于 SEMI-ECM-MIDAS 和带约束的 ECM-MIDAS，本节提出带约束的变量非线性误差修正模型。令 $\omega_{t-1-i/m} = y_{t-1} - \kappa_1 x^{(1)}_{t-1,1} - \kappa_2 x^{(m)}_{t-1-\frac{i}{m},2}$，$i = 0,1,\cdots,m-1$，则带约束的变量非线性误差修正模型为

$$A^*(L)\Delta y_t = \alpha_1 \omega_{t-1-\frac{i}{m}} + g\left(\Delta x^{(1)}_{t-j,1}\right) + B_1^*\left(L^{\frac{1}{m}}, \theta\right)\Delta^{\left(\frac{1}{m}\right)} x^{(m)}_{t,2} + \varepsilon_t \tag{3.8}$$

其中，$B_1^*\left(L^{\frac{1}{m}}, \theta\right) = \sum_{k=0}^{k=K} B_k(\theta)L^{\frac{k}{m}}$，$k$ 为高频解释变量的最高高频滞后期数，$B_k(\theta)$ 为结构化的高频变量滞后项参数；j 为低频解释变量的低频滞后期数；θ 为滞后多项式的参数向量；$g(\cdot)$ 为未知函数；ε_t 为扰动项。

式（3.8）与有约束的 ECM-MIDAS 的差异主要是引入了低频变量 $\Delta x^{(1)}_{t-j,1}$ 的非线性结构 $g(\Delta x^{(1)}_{t-j,1})$。

当低频解释变量 $x^{(1)}_{t,1}$、高频解释变量 $x^{(m)}_{t,2}$ 和扰动项 ε_t 相互独立时，式（3.8）可以表示为

$$A^*(L)\Delta y_t = E[g(\Delta x^{(1)}_{t-j,1})] + \alpha_1 \omega_{t-1-\frac{i}{m}} + B_1^*\left(L^{\frac{1}{m}}, \theta\right)\Delta^{\left(\frac{1}{m}\right)} x^{(m)}_{t,2} + \varepsilon_t^*$$

$$= \alpha_0 + \alpha_1 \omega_{t-1-\frac{i}{m}} + B_1^*\left(L^{\frac{1}{m}}, \theta\right)\Delta^{\left(\frac{1}{m}\right)} x^{(m)}_{t,2} + \varepsilon_t^* \tag{3.9}$$

$$\varepsilon_t^* = g(\Delta x^{(1)}_{t-j,1}) - E[g(\Delta x^{(1)}_{t-j,1})] + \varepsilon_t, \quad \alpha_0 = E[g(\Delta x^{(1)}_{t-j,1})]$$

在不考虑存在非线性结构的低频解释变量时，式（3.9）本质上就是一个带约束的混频误差修正模型，Ghysels 等（2004）和 Götz 等（2014）已经对此做了丰富的研究。此外，式（3.9）中除了解释变量中包含高频数据变量外，与传统的半

参数部分线性回归模型并无显著差异。

3.3.1 模型的估计

Ghysels 等（2007）的研究指出，一般情况下，MIDAS 模型中的非线性部分可以简单地使用标准的计量经济学方法进行估计。鲁万波和杨冬（2018）在 Li 和 Wooldridge（2002）提出的半参数模型估计方法上结合两阶段最小二乘法对 SEMI-ECM-MIDAS 进行了估计，他们证明了模型估计量具有一致性并且具有较快的收敛速度。本章采用的估计方法与之相似，不同之处为本章的估计方法只采用一阶段最小二乘法，这是由于 SEMI-ECM-MIDAS 考虑的是误差修正项的非线性，而本章模型考虑的是解释变量的非线性，从而避免了仅使用一阶段最小二乘法存在的参数估计不一致的问题。模型具体的估计过程如下。

第一步，基于式（3.1）从 $i = 0,1,\cdots,m-1$ 中选择适合的滞后阶数采用最小二乘估计获得非均衡误差项 $\omega_{t-1-i/m}$ 的估计值 $\widehat{\omega}_{t-1-i/m}$。

第二步，在假设 $a = E[g(\Delta x_{t-j,1}^{(1)})]$ 且 $E[g^2(\Delta x_{t-j,1}^{(1)})] < +\infty$ 的条件下，式（3.8）可简化为

$$
\begin{aligned}
&A^*(L)\Delta y_t = \alpha_0 + \alpha_1 \omega_{t-1-\frac{i}{m}} + B_1^*\left(L^{\frac{1}{m}},\theta\right)\Delta^{\left(\frac{1}{m}\right)} x_{t,2}^{(m)} + \varepsilon_t^* \\
&\varepsilon_t^* = g(\Delta x_{t-j,1}^{(1)}) - E[g(\Delta x_{t-j,1}^{(1)})] + \varepsilon_t \\
&\alpha_0 = E[g(\Delta x_{t-j,1}^{(1)})] \\
&B_1^*\left(L^{\frac{1}{m}},\theta\right) = \sum_{k=0}^{k=K} B_k(\theta) L^{\frac{k}{m}}
\end{aligned}
\tag{3.10}
$$

此时，由假设条件可知，$E(\varepsilon_t^*) = 0$ 且 $E(\varepsilon_t^{*2}) < +\infty$，直接估计含参数约束的 MIDAS 模型如式（3.10）所示，获得高频解释变量 $x_{t,2}^{(m)}$ 滞后项系数结构化参数 θ，误差修正项系数 α_1 及 $A^*(L)$ 的一致估计值 $\widehat{\theta}$、$\widehat{\alpha}_1$ 和 $\widehat{A^*}(L)$。

第三步，我们利用第二步模型回归结果的残差 $\widehat{\varepsilon_t^*}$ 和相对应的存在非线性效应的低频解释变量 $\Delta x_{t-j,1}^{(1)}$，建立非线性模型 $\widehat{\varepsilon_t^*} = g(\Delta x_{t-j,1}^{(1)}) + \varepsilon_t$，并使用非参数的方法估计出 $g(\Delta x_{t-j,1}^{(1)})$。参考鲁万波和杨冬（2018）使用的估计方法，本章也采用 Nadaraya-Watson 正态核估计方法进行非参数回归估计，在最优窗宽的选择问题上使用 leave-one-out 交叉验证的方法，具体的非参数估计过程如式（3.11）所示：

$$\hat{g}(\Delta x_{t-j,1}^{(1)}) - E[g(\Delta x_{t-j,1}^{(1)})] = \hat{g}(\Delta x_{t-j,1}^{(1)}) - \alpha_0$$

$$= \widehat{E(\varepsilon_t^*} \mid \Delta x_{t-j,1}^{(1)}) = \frac{\sum_{l \neq t} \widehat{\varepsilon_t^*} K\left(\dfrac{\Delta x_{t-j,1}^{(1)} - \Delta x_{l-j,1}^{(1)}}{h_T}\right)}{\sum_{l \neq t} K\left(\dfrac{\Delta x_{t-j,1}^{(1)} - \Delta x_{l-j,1}^{(1)}}{h_T}\right)} \quad (3.11)$$

其中，h_T 为窗宽；$\alpha_0 = E[g(\Delta x_{t-j,1}^{(1)})]$ 为常数。

通过上述的步骤，可以获得基于有约束的非线性混频误差修正模型的被解释变量预测值，具体形式如下：

$$\widehat{A^*}(L)\Delta y_t = \hat{g}(\Delta x_{t-j,1}^{(1)}) + \hat{\alpha}_1 \omega_{t-1-\frac{i}{m}} + B_1^*\left(L^{\frac{1}{m}}, \hat{\theta}\right) \Delta^{\left(\frac{1}{m}\right)} x_{t,2}^{(m)} \quad (3.12)$$

3.3.2 蒙特卡罗模拟设定

本章将采用蒙特卡罗模拟的方法对本章提出的估计方法进行检验，说明模型估计量的统计性质。同时，为了说明当解释变量的数量较多时，本章的参数估计方法在预测方面也有较好的预测表现，我们同样使用蒙特卡罗模拟的方法，对比 Götz 等（2014）提出的 ECM-MIDAS 与本章提出的有约束的非线性混频误差修正模型的预测效果，借鉴鲁万波和杨冬（2018）的评价指标选择，本章也采用均方根误差准则判断两种模型在预测准确性上的优劣。

在蒙特卡罗模拟中，本章引入一个高频解释变量和一个低频解释变量，为与实证研究部分数据保持一致，设定高频数据与低频数据的频率倍差 $m = 3$，高频滞后阶数的权重函数选择两参数的指数 Almon 多项式，具体的模型形式如式（3.13）所示：

$$\Delta y_t = \alpha_1(y_{t-1} - x_{t-1,1}^{(1)} - x_{t-1,2}^{(3)}) + \rho \Delta y_{t-1} + g(\Delta x_{t-j,1}^{(1)}) + B_1^*\left(L^{\frac{1}{3}}, \theta_1, \theta_2\right) \Delta^{\left(\frac{1}{3}\right)} x_{t,2}^{(3)} + \varepsilon_t$$

$$B_1^*\left(L^{\frac{1}{3}}, \theta_1, \theta_2\right) = \sum_{k=0}^{7} B_k(\theta_1, \theta_2) L^{\frac{k}{3}} \quad (3.13)$$

$$B_k(\theta_1, \theta_2) = \frac{\exp(\theta_1 + \theta_2 k)}{\sum_{i=1}^{7} \exp(\theta_1 + \theta_2 i)}, \quad k = 0, 1, \cdots, 7$$

其中，被解释变量 y_t、低频解释变量 $x_{t,1}^{(1)}$ 和高频解释变量 $x_{t,2}^{(3)}$ 均为一阶单整序列 $I(1)$。由长期协整关系得到的误差修正项 $w_{t-1} = y_{t-1} - x_{t-1,1}^{(1)} - x_{t-1,2}^{(3)}$ 为平稳时间序列 $I(0)$，则长期协整关系存在。

在非线性函数 $g(\cdot)$ 的设定上，选择广义线性模型检验中常用的逻辑回归函数作为本章蒙特卡罗模拟中的非线性函数的形式（鲁万波和杨冬，2018）。其中，逻辑回归的函数形式如式（3.14）所示：

$$g(z_t) = \frac{\delta}{1 + \exp[-\lambda(z_t - l)]} \qquad (3.14)$$

其中，δ 为控制非线性函数取值上下界限的参数；λ 为控制平滑转移速度；l 为位置参数。

令被解释变量初始值 $y_0 \sim N(0,1)$，低频解释变量初始值 $x_{0,1}^{(1)} \sim N(0,1)$，高频解释变量初始值 $x_{0,2}^{(3)} \sim N(0,1)$，并且低频解释变量与高频解释变量的增量都独立服从 $N(0,1)$ 分布，即 $\Delta x_{t,1}^{(1)} \sim \text{i.i.d.} N(0,1)$，$\Delta^{(1/3)} x_{t,2}^{(3)} \sim \text{i.i.d.} N(0,1)$ 且 $\varepsilon_t \sim \text{i.i.d.} N(0,1)$。被解释变量的增量 Δy_t 可以通过式（3.13）求出，并通过 $y_t = y_0 + \sum_{i=1}^{t} \Delta y_i$ 的方式递推地生成一阶单整的 $I(1)$ 序列 y_t。在式（3.13）中，我们假定被解释变量差分的一阶滞后项系数 $\rho = 0.3$，误差修正项系数 $\alpha_1 = -0.25$，高频变量差分滞后项系数由两参数的指数 Almon 多项式 $B(2, -1)$ 生成，即 $(\theta_1, \theta_2) = (2, -1)$，相应的高频解释变量差分滞后项系数依次为 1.265、0.465、0.171、0.063、0.023、0.009、0.003、0.001，非线性函数 $g(\cdot)$ 中 $\lambda = 5$、$\delta = 5$ 以及 $l = 0$。

估计的样本数量分别选择 80、100、200、500 和 1000。为了避免初始值的影响，在选取数据的过程中，首先按照上述数据的生成机制生成两倍样本数量的数据，取数据集的后 50% 作为模型回归的样本。

3.3.3　估计量的一致性

本章将整个模拟的过程重复 1000 次，在不同的样本数量下获得 1000 次参数估计结果。对比 1000 次模拟结果的参数估计分布可以发现，随着样本数量的增加，模型参数估计量迅速向各参数的真实值快速收敛。为了能够准确地体现本章的有约束的非线性混频误差修正模型参数估计的渐进性质及小样本下的表现情况，图 3-2～图 3-5 分别给出了被解释变量差分滞后项系数估计量 $\hat{\rho}$、误差修正项系数估计量 $\hat{\alpha}_1$ 和两参数指数 Almon 多项式的参数估计量 $(\hat{\theta}_1, \hat{\theta}_2)$ 的箱线图。

图 3-2～图 3-5 展示了在使用本章的参数估计方法时，模拟 1000 次的参数估计结果箱式图，其中，参数设置的真实值用虚线标出。由上面的结果可以看出随着样本数量 T 的增加，参数估计值 $(\hat{\rho}, \hat{\alpha}_1, \hat{\theta}_1, \hat{\theta}_2)$ 以较快的速度收敛于真实值，方差也随着样本量的增加而减小，参数估计值随着样本量的增加呈现出明显的正态分布特征，以上的蒙特卡罗结果可以表明，本章使用的方法获得的参数估计值满足一致性和渐进正态性，并且在样本数量较少时 $(n = 100)$，本章的参数估计方法也具有较好的估计效果。

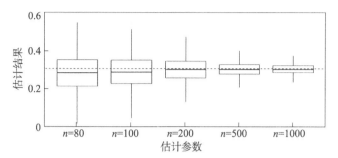

图 3-2　不同样本量下 $\hat{\rho}$ 估计量的箱线图 $(\rho_{\text{real}} = 0.3)$

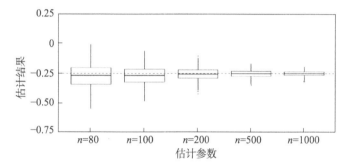

图 3-3　不同样本量下 $\hat{\alpha}_1$ 估计量的箱线图 $(\alpha_{\text{real}} = -0.25)$

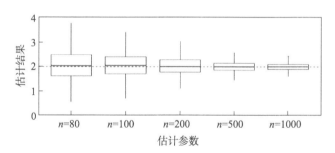

图 3-4　不同样本量下 $\hat{\theta}_1$ 估计量的箱线图 $(\theta_{\text{real},1} = 2)$

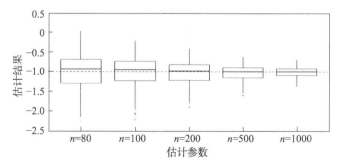

图 3-5　不同样本量下 $\hat{\theta}_2$ 估计量的箱线图 $(\theta_{\text{real},2} = -1)$

为了更加直观地展示本章提出的模型在解释变量非线性结构的刻画上有较好的表现，图 3-6 和图 3-7 为样本量分别为 200 和 500 时不同低频解释变量及其非线性结构的一步回归残差值和非参数估计值的散点图。在样本量为 200 时，非参数方法已经能够对模型中低频解释变量 $\Delta x_{t,1}^{(1)}$ 的非线性结构进行较好的刻画，进而提升模型对数据的拟合效果和预测精确性，并且随着样本量的增加，对非线性结构的拟合效果越好；在样本量为 500 时，非参数方法已经能够对模型中低频解释变量 $\Delta x_{t,1}^{(1)}$ 的非线性结构进行较好的刻画，进而提升模型对数据的拟合效果和预测精确性，并且随着样本量的增加，对非线性结构的拟合效果越好。

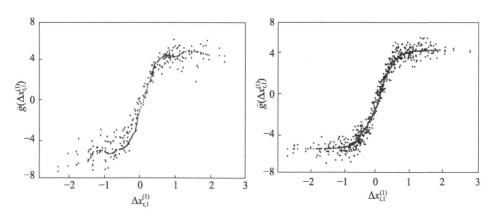

图 3-6　样本量为 200 时，$\Delta x_{t,1}^{(1)}$ 对应的一步回归残差和非参数估计值 $\hat{g}(\Delta x_{t,1}^{(1)})$

图 3-7　样本量为 500 时，$\Delta x_{t,1}^{(1)}$ 对应的一步回归残差和非参数估计值 $\hat{g}(\Delta x_{t,1}^{(1)})$

3.3.4　模型预测效果比较

为进一步说明本章提出的有约束的非线性混频误差修正模型具有较好的预测性能，本章比较提出的有约束的非线性混频误差修正模型与传统的非线性变量以线性形式引入的混频误差修正模型（ECM-MIDAS），向前一步预测结果的精确性，精确性衡量的指标使用模型的均方根误差。重复上述的数据预测过程 1000 次，并且比较两个模型的预测效果的相应次数及有约束的非线性混频误差修正模型预测的均方根误差小于 ECM-MIDAS 预测的均方根误差次数占总模拟次数的比率，鲁万波和杨冬（2018）也使用了相同的方法说明 SEMI-ECM-MIDAS 对比基准模型而言有更好的预测性能。

表 3-2 展示了在不同的样本量下，模拟预测 1000 次时，有约束的非线性混频误差修正模型预测优于 ECM-MIDAS 预测的比率。

表 3-2　不同样本量下模型预测效果

样本量	100	200	300	500	1000
优势比率	0.7020	0.7320	0.7150	0.7140	0.7150

可以看出本章提出的有约束的非线性混频误差修正模型相对于传统的 ECM-MIDAS 在预测方面有明显优势，无论是在样本量较少时还是随着样本量逐渐增加，本章模型的优势比率一直维持在 0.71 左右，即在约 70% 的情况下，有约束的非线性混频误差修正模型都能比 ECM-MIDAS 有着更加准确的预测结果。此外，可以发现当样本量 T=200 时，模型的预测效果相对于传统模型达到最优，这样的结果符合有约束的非线性混频误差修正模型相对于传统混频模型的模型改进方向。一方面引入解释变量的非线性结构使得模型在样本量较大时能有较好的拟合能力和预测能力；另一方面为改进 Götz 等（2014）提到的 ECM-MIDAS 估计中存在的混频模型待估参数过多的问题，引入结构化的高频解释变量滞后项系数，大大减少了待估参数个数，提升了模型的泛化能力，减少了对样本数据的过拟合。

记 δ 为充分考虑了非线性模型中控制变量重要性的界限参数，λ 为控制函数非线性程度的平滑转移速度参数，为了进一步说明预测效果比较结果的稳健性，表 3-3 和表 3-4 分别展示了在 δ 和 λ 发生变化时，样本数量分别为 100、200、300 和 400 时，模拟 1000 次预测中有约束的非线性混频误差修正模型预测的均方根误差小于 ECM-MIDAS 预测的均方根误差次数占总模拟次数的优势比率。如表 3-3 和表 3-4 所示，首先，随着非线性函数中控制变量重要性的界限参数 δ 和控制函数非线性程度的平滑转移速度参数 λ 的变化，本章提出的有约束的非线性混频误差修正模型及其估计方法在所有样本数量的水平下均具有明显优于只考虑了变量线性关系的传统无约束 ECM-MIDAS。其次，本章模型相对于传统 ECM-MIDAS 的比较优势，在具有非线性结构的解释变量对被解释变量影响越大时优势比率显著提高，最高达到 0.7350。变量的非线性结构与线性结构差异越明显时，本章模型的优势比率越大。最后，由于本章模型引入了有约束的高频解释变量滞后项系数，虽然非参数估计在样本量较少时刻画模型非线性结构的比较优势较小，但有约束的高频变量滞后项系数结构减少了待估参数的个数，使得模型在样本量相对较小时对比无约束 ECM-MIDAS 的预测优势更加明显。

表 3-3　变化 δ 时，不同样本量下模型预测效果比较（λ=10）

δ	T=100	T=200	T=300	T=400
2	0.6180	0.6180	0.6000	0.6260
3	0.6150	0.6360	0.6170	0.6440
5	0.6460	0.6930	0.6860	0.7050
10	0.6790	0.7270	0.7120	0.7090
15	0.7090	0.7310	0.7180	0.7350

表 3-4 变化 λ 时，不同样本数量下模型预测效果比较（$\delta=10$）

λ	$T=100$	$T=200$	$T=300$	$T=400$
5	0.6400	0.6670	0.6410	0.6470
10	0.7020	0.7320	0.7150	0.7080
15	0.6940	0.7050	0.7230	0.7430
20	0.7180	0.7230	0.7040	0.7260

以上的分析都基于数据的非线性结构确实存在的假定，为了说明即使非线性假定不满足，即低频数据对被解释变量的影响为线性时，本章提出的模型估计方法依然能够取得比较稳健理想的估计结果。假定蒙特卡罗过程中的真实模型形式具体如式（3.15）所示：

$$\Delta y_t = \alpha_1 \left(y_{t-1} - x_{t-1,1}^{(1)} - x_{t-1,2}^{(3)} \right) + \rho \Delta y_{t-1} + b \Delta x_{t-j,1}^{(1)} + B_1^* \left(L^{\frac{1}{3}}, \theta_1, \theta_2 \right) \Delta^{\left(\frac{1}{3}\right)} x_{t,2}^{(3)} + \varepsilon_t \quad （3.15）$$

设定差分变量 $\Delta x_{t-j,1}^{(1)}$ 的系数 $b=0.5$，其他参数的设定与上文保持一致，式（3.15）与式（3.13）的差异为低频解释变量是否具有非线性结构。表 3-5 显示了在不同的样本量下，模拟预测 1000 次时，有约束的非线性混频误差修正模型预测效果优于 ECM-MIDAS 的模型预测效果。

表 3-5 不同样本量下模型预测效果比较

样本量	$T=100$	$T=200$	$T=300$	$T=500$	$T=1000$
优势比率	0.5090	0.4690	0.4570	0.4730	0.4620

由表 3-5 可以看出，在真实模型不满足非线性假定时，本书使用的半参数估计方法的预测效果虽然无法优于假定正确的线性形式 ECM-MIDAS，但无论是在小样本下还是在较大的样本量下，半参数模型预测优于 ECM-MIDAS 的比率，也一直维持在接近 0.5 的水平。并且可以发现，在样本量为 100 的小样本情况下，虽然非线性假定不成立，但是本书使用的估计方法中对高频变量系数使用了函数约束方法而大大降低了待估参数个数，预测精度略微高于模型设定正确的 ECM-MIDAS。以上结论充分说明，在非线性假定不成立或者不显著的条件下，本书提出的有约束的非线性混频误差修正模型及其估计方法有着较好的适应性，而当非线性结构显著存在时，该方法能更好地刻画模型非线性结构，获得更好的预测效果。

3.4 模型的一致性检验

在动态混频协整关系设定方面，往往假定参数模型设定正确，然后再进行参数估计和统计推断。然而，经济理论很少提供足够的证据说明函数设定是否恰当。因此，参数模型有面临设定错误的可能，这就形成了"模型设定检验"。为从统计意义上判断动态混频协整关系进行非参数建模的合理性，本章拓展 Fan 和 Jiang（2007）提出的广义似然比检验，允许解释变量中存在相对于被解释变量更高频率的数据，构建了混频数据模型函数形式的一致性检验，以判断参数模型设定是否合理。

仍考虑 SEMI-ECM-MIDAS，需要检验误差修正项的参数形式设定是否恰当，进行如式（3.16）所示的假设检验。

$$\begin{aligned} &\text{H3-0}: g\left(\omega_{t-1-\frac{i}{m}}\right) = \alpha_0 + \alpha_1\left(y_{t-1} - \kappa x^{(m)}_{t-1-\frac{i}{m}}\right) \\ &\text{H3-1}: g\left(\omega_{t-1-\frac{i}{m}}\right) \neq \alpha_0 + \alpha_1\left(y_{t-1} - \kappa x^{(m)}_{t-1-\frac{i}{m}}\right) \end{aligned} \qquad (3.16)$$

其中，α_0 和 α_1 均为未知参数。通过使用核估计和选择适当的窗宽 h_T 进行非参数回归，可以获得原假设条件下未知函数 $g(\cdot)$ 的估计量 $\hat{g}(\cdot)$。在假定误差项服从 $N(0, \sigma^2)$ 的条件下，可以求得对数似然函数 $l(g, \sigma)$ 为

$$l(g, \sigma) = -T\log(\sqrt{2\pi}\sigma) - \frac{1}{2\sigma^2}\sum_{i=1}^{T}\left[y_t - g\left(\omega_{t-1-\frac{i}{m}}\right)\right]^2 \qquad (3.17)$$

将式（3.17）似然函数中误差修正项替换为非参数估计量，可以得到非参数下的似然函数式（3.18）

$$l(\hat{g}_{h_T}, \sigma) = -T\log(\sqrt{2\pi}\sigma) - \frac{1}{2\sigma^2}\text{RSS}_1 \qquad (3.18)$$

其中，RSS 为残差平方和（residual sum of squares），$\text{RSS}_1 = \sum_{i=1}^{T}\left[y_t - \hat{g}\left(\omega_{t-1-\frac{i}{m}}\right)\right]^2$。将上述似然函数对 σ^2 求导，可得在 $\sigma^2 = T^{-1}\text{RSS}_1$ 时似然函数最大。此时，式（3.18）可变换为式（3.19）

$$l(\hat{g}_{h_T}, \hat{\sigma}) = -\frac{T}{2}\log(\text{RSS}_1) - \frac{T}{2}\sum_{i=1}^{T}\left[1 + \log\left(\frac{2\pi}{T}\right)\right] \qquad (3.19)$$

设检验汇总参数 (α_0, α_1) 的最小二乘估计量为 $(\hat{\alpha}_0, \hat{\alpha}_1)$，同时定义参数模型条件下的残差平方和为 $\text{RSS}_0 = \sum_{t=1}^{T}\left[y_t - \hat{\alpha}_0 - \hat{\alpha}_1\left(y_{t-1} - \kappa x^{(m)}_{t-1-\frac{i}{m}}\right)\right]^2$。在原假设 H3-0 成立

的条件下，得到参数模型条件下的似然函数如式（3.20）所示：

$$l(\widehat{g}_{h_T}, \widehat{\sigma}_0) = -\frac{T}{2}\log(\mathrm{RSS}_0) - \frac{T}{2}\sum_{i=1}^{T}\left[1 + \log\left(\frac{2\pi}{T}\right)\right] \qquad (3.20)$$

因此，广义似然比统计量如式（3.21）所示：

$$\lambda_{T,1} = l(\widehat{g}_{h_T}, \widehat{\sigma}) - l(\widehat{g}_0, \widehat{\sigma}_0) = \frac{T}{2}\log\left(\frac{\mathrm{RSS}_0}{\mathrm{RSS}_1}\right) \qquad (3.21)$$

Fan 等（2001）证明在原假设和某些特定条件成立且 $Th_T^{\frac{3}{2}} \to \infty$ 时，该统计量渐进服从卡方分布。由于该渐进卡方统计量分布的自由度计算相对复杂，本章采用 Fan 和 Jiang（2007）提出的条件 Bootstrap 方法构造广义似然比统计量原假设的分布及检验临界值，具体步骤如下。

（1）在原假设和备择假设条件下分别获得参数估计量 $\widehat{\alpha}_0$ 和 $\widehat{\alpha}_1$ 与非参数估计量 $\widehat{g}\left(\omega_{t-1-\frac{i}{m}}\right)$ 时，令窗宽 h_T 始终固定在估计的最优数值 $\widehat{h}_T$ 上。

（2）利用半参数模型计算广义似然比检验统计量 $\lambda_{T,1}$ 和残差项 $\widehat{\epsilon}_t$。

（3）对于 $y - B(1)/A(1)x^{(m)}_{i-1-\frac{i}{m}}$ 获得的每一个观测值以及利用 $\widehat{\epsilon}_t$ 中心化经验分布进行 Bootstrap 抽样得到的 $\widehat{\epsilon}_t^*$ 计算 $\Delta y_t^* = \widehat{\alpha}_0 + \widehat{\alpha}_1\left(y_{t-1} - \kappa x^{(m)}_{t-1-\frac{i}{m}}\right) + \widehat{\epsilon}_t^*$，便可以得到条件 Bootstrap 样本 $\left\{y_{t-1} - \kappa x^{(m)}_{t-1-\frac{i}{m}}, \Delta y_t^*\right\}_{t=1}^{T}$。

（4）使用通过 Bootstrap 方法重复抽样获得的样本构造广义似然比检验统计量 $\lambda_{T,1}^*$。

（5）重复步骤（3）和步骤（4）B 次，得到 B 个 $\lambda_{T,1}^*$ 的估计值 $\widehat{\lambda}_{T,1}^*$。

（6）使用步骤（5）中 B 次结果在原假设 H3-0 成立的条件下计算检验统计量的 α-分位数，即显著性水平 α 下的临界值。此时 p 值为 $\lambda_{T,1}^*$ 中大于 $\lambda_{T,1}$ 的百分比。通过上述方法，可以检验具有动态混频协整关系的参数回归模型的函数形式设定是否正确，若计算得到的 p 值小于临界值，则说明构建的 SEMI-ECM-MIDAS 设定更为恰当。

3.5　半参数混频向量误差修正模型

Ghysels（2016）提出了平稳 MF-VAR 建模方法，若想利用非平稳混频序列建模，则需要寻找混频数据序列间的长期均衡关系，即协整关系，为解决此问题，Götz 等（2013）提出了 MF-VECM，该模型为 Ghysels（2016）提出的平稳 MF-VAR 的拓展，其认为混频数据存在两类协整关系，一类是一阶单整的高频变量序列一阶差分后是平稳的，一类是高频变量与低频数据间存在长期均衡关系。

令低频变量 y_t 和高频变量 $X_t^{(m)} = (x_t^{(m)}, x_{t-1/m}^{(m)}, \cdots, x_{t-(m-1)/m}^{(m)})^{\mathrm{T}}$ 均为非平稳一阶单整序列，记 $Z_t = (y_t, X_t^{(m)\mathrm{T}})^{\mathrm{T}}$，$m$ 为高频变量 $X_t^{(m)}$ 相对于低频变量 y_t 抽样频率的倍数，建立 VAR(p) 模型 $Z_t = \Gamma_0 + \Gamma_1 Z_{t-1} + \cdots + \Gamma_p Z_{t-p} + \varepsilon_t$，其中 $\varepsilon_t \sim \mathrm{i.i.d.}N(0, I_{m+1})$，将其变形为 MF-VECM，即

$$\Delta Z_t = \tilde{\Gamma}_1 \Delta Z_{t-1} + \cdots + \tilde{\Gamma}_{p-1} \Delta Z_{t-p+1} + \Pi Z_{t-1} + \varepsilon_t$$

其中，$\tilde{\Gamma}_i = -\sum_{k=i+1}^{p} \Gamma_k$，$i = 1, 2, \cdots, p-1$；$\Pi = (I - \sum_{j=1}^{p} \Gamma_j) = \alpha\beta^{\mathrm{T}}$，其秩 $r(\Pi) = (r_0 + r_1) < m+1$，$r_0$ 为事先设定的协整向量的秩，即一个低频时间段内某高频变量内部存在固定关系，r_1 为高频变量与低频变量间协整向量的秩。

若 y_t 与 $X_t^{(m)}$ 的确存在协整关系，则 y_t 与 $X_t^{(m)}$ 每一个分量 $x_{t-i/m}^{(m)}$ 协整，因此在建模过程中只需寻找 y_t 与 $X_t^{(m)}$ 一个分量的协整关系即可。

在 r_0 确定的条件下，需检验 r_1 是否正确，需进行 Horvath 和 Watson（1995）检验：

$$\text{H3-2}: R(\Pi) = r_0 = m-1$$
$$\text{H3-3}: R(\Pi) = r_0 + r_1 = m-1+r_1$$

在 H3-2 下模型如式（3.22）所示：

$$\Delta Z_t = \tilde{\Gamma}_1 \Delta Z_{t-1} + \cdots + \tilde{\Gamma}_{p-1} \Delta Z_{t-p+1} + \Pi_0 Z_{t-1} + \varepsilon_t \tag{3.22}$$

在 H3-3 下模型如式（3.23）所示：

$$\Delta Z_t = \tilde{\Gamma}_1 \Delta Z_{t-1} + \cdots + \tilde{\Gamma}_{p-1} \Delta Z_{t-p+1} + \Pi_1 Z_{t-1} + \varepsilon_t \tag{3.23}$$

其中，$\Pi_0 = \alpha_0 \begin{pmatrix} 0 & 1 & -1 & 0 \\ 0 & 0 & 1 & -1 \end{pmatrix}$；$\Pi_1 = \alpha_1 \begin{pmatrix} 1 & -\theta & 0 & 0 \\ 0 & 1 & -1 & 0 \\ 0 & 0 & 1 & -1 \end{pmatrix}$。

此处假定 y_t 与 $X_t^{(m)}$ 第一个分量 $x_t^{(m)}$ 存在协整关系：$y_t - \theta X_t^{(m)} \sim I(0)$。

构造广义似然比检验统计量为 $\text{LR}_{r_0, r_1} = 2(l_{\text{H3-3}} - l_{\text{H3-2}})$，其中，$l_{\text{H3-2}}$ 和 $l_{\text{H3-3}}$ 分别为 H3-2 和 H3-3 成立下模型的对数似然函数值。而后可根据 Horvath 和 Watson（1995）提供的临界值表获得检验结果，即 LR_{r_0, r_1} 值大于临界值，则拒绝 H3-2，认为低频变量与高频变量间存在协整关系。

上述 MF-VECM 在纳入过多高频变量时，存在待估参数过多的问题，且在样

本量不大的情况下，甚至存在无法估计的情况，为解决此问题，本章在上述模型基础上，构建 SEMI-MF-VECM，将向量误差修正项以非参数形式呈现，大大减少了待估参数个数。此处以 $Z_t = (y_t, X_t^{(m)^{\mathrm{T}}})^{\mathrm{T}}$ 为例，SEMI-MF-VECM 设定如式（3.24）所示：

$$\Delta Z_t = \sum_{i=1}^{p-1} \tilde{\Gamma}_i \Delta Z_{t-i} + F(\beta^{\mathrm{T}} Z_{t-1}) + \varepsilon_t \tag{3.24}$$

具体展开为式（3.25）

$$\begin{pmatrix} \Delta y_t \\ \Delta X_t^{(m)} \\ \Delta X_{t-\frac{1}{m}}^{(m)} \\ \vdots \\ \Delta X_{t-\frac{m-1}{m}}^{(m)} \end{pmatrix} = \sum_{i=1}^{p-1} \tilde{\Gamma}_i \begin{pmatrix} \Delta y_{t-i} \\ \Delta X_{t-i}^{(m)} \\ \Delta X_{t-i-\frac{1}{m}}^{(m)} \\ \vdots \\ \Delta X_{t-i-\frac{m-1}{m}}^{(m)} \end{pmatrix} + F \begin{pmatrix} \beta^{\mathrm{T}} \begin{pmatrix} y_{t-1} \\ X_{t-1}^{(m)} \\ X_{t-1-\frac{1}{m}}^{(m)} \\ \vdots \\ X_{t-1-\frac{m-1}{m}}^{(m)} \end{pmatrix} \end{pmatrix} + \varepsilon_t \tag{3.25}$$

其中，$F(\cdot)$ 为未知非参数函数。记 $\Gamma = (\tilde{\Gamma}_1, \cdots, \tilde{\Gamma}_{p-1})$，$\xi_{t-1} = (\Delta Z_{t-1}^{\mathrm{T}}, \cdots, \Delta Z_{t-p+1}^{\mathrm{T}})^{\mathrm{T}}$，则模型可以简写为式（3.26）

$$\Delta Z_t = \Gamma \xi_{t-1} + F(\beta^{\mathrm{T}} Z_{t-1}) + \varepsilon_t \tag{3.26}$$

基于 Gaul 和 Theissen（2015）提出的半参数模型估计方法对式（3.26）进行估计。具体估计过程如下。

（1）进行协整检验。利用 Johansen（1991）的方法对式（3.23）中 Π_1 中的未知参数 θ 进行估计。而后分别估计式（3.22）和式（3.23），获得二者的对数似然函数值，构造似然比检验统计量 $\mathrm{LR}_{r_0, r_1} = 2(l_{\mathrm{H3-3}} - l_{\mathrm{H3-2}})$，进行 Horvath 和 Watson（1995）检验，即在高频变量协整关系已设定的基础上，检验高频变量与低频变量的协整关系是否成立，最终获得协整向量 β 的设定。

（2）在 β 设定好的基础上，对 SEMI-MF-VECM 的 Γ 进行估计。首先，对式（3.26）两边取关于 $\beta^{\mathrm{T}} Z_{t-1}$ 的条件期望，得式（3.27），其中，$E(\varepsilon_t | \beta^{\mathrm{T}} Z_{t-1}) = 0$。

$$E(\Delta Z_t | \beta^{\mathrm{T}} Z_{t-1}) = \Gamma E(\xi_{t-1} | \beta^{\mathrm{T}} Z_{t-1}) + F(\beta^{\mathrm{T}} Z_{t-1}) + E(\varepsilon_t | \beta^{\mathrm{T}} Z_{t-1}) \tag{3.27}$$

式（3.26）减去式（3.27）得

$$\Delta Z_t - E(\Delta Z_t | \beta^{\mathrm{T}} Z_{t-1}) = \Gamma(\xi_{t-1} - E(\xi_{t-1} | \beta^{\mathrm{T}} Z_{t-1})) + \varepsilon_t \tag{3.28}$$

式（3.28）简记为 $\Delta Z_t^* = \Gamma \xi_{t-1}^* + \varepsilon_t$。为获得 Γ 的 OLS（ordinary least square method，普通最小二乘法）估计，需要获得 $E(\Delta Z_t | \beta^{\mathrm{T}} Z_{t-1})$ 和 $E(\xi_{t-1} | \beta^{\mathrm{T}} Z_{t-1})$ 的估计，此处利用 Nadaraya-Watson 正态核估计方法进行非参数估计，式（3.29）、式（3.30）中 $K(\cdot)$ 为正态核函数，h 为 Silverman（1986）利用经验法则方法确定的

窗宽，即 $h = \left(\dfrac{4}{d+2}\right)^{1/d+4} sn^{-1/d+4}$，其中，$s$ 为误差修正序列 $\mathrm{ecm}_{t-1} = \beta^{\mathrm{T}} Z_{t-1}$ 的列标准差组成的向量，n 为 ecm_{t-1} 序列的长度，d 为 ecm_{t-1} 序列的维度。

$$\widehat{E}(\Delta Z_t | \beta^{\mathrm{T}} Z_{t-1}) = \frac{\sum\limits_{j=1}^{T} \Delta Z_j K\left(\dfrac{\beta^{\mathrm{T}} Z_{t-1} - \beta^{\mathrm{T}} Z_{j-1}}{h}\right)}{\sum\limits_{j=1}^{T} K\left(\dfrac{\beta^{\mathrm{T}} Z_{t-1} - \beta^{\mathrm{T}} Z_{j-1}}{h}\right)} \tag{3.29}$$

$$\widehat{E}(\xi_{t-1} | \beta^{\mathrm{T}} Z_{t-1}) = \frac{\sum\limits_{j=1}^{T} \xi_{j-1} K\left(\dfrac{\beta^{\mathrm{T}} Z_{t-1} - \beta^{\mathrm{T}} Z_{j-1}}{h}\right)}{\sum\limits_{j=1}^{T} K\left(\dfrac{\beta^{\mathrm{T}} Z_{t-1} - \beta^{\mathrm{T}} Z_{j-1}}{h}\right)} \tag{3.30}$$

为避免核估计中分母随机性问题（即密度函数的估计值会较小），参考 Fan 和 Li（1999）的做法，利用密度加权估计，即在式（3.27）简化式两端同乘核密度估计 $f(\beta^{\mathrm{T}} Z_{t-1}) = \dfrac{1}{Th} \sum\limits_{j=1}^{T} K\left(\dfrac{\beta^{\mathrm{T}} Z_{t-1} - \beta^{\mathrm{T}} Z_{j-1}}{h}\right)$，得

$$f(\beta^{\mathrm{T}} Z_{t-1}) \Delta Z_t^* = \Gamma f(\beta^{\mathrm{T}} Z_{t-1}) \xi_{t-1}^* + f(\beta^{\mathrm{T}} Z_{t-1}) \varepsilon_t \tag{3.31}$$

直接利用 OLS 估计，获得

$$\widehat{\Gamma}^{\mathrm{OLS}} = \left[\sum_{t=1}^{T} \Delta \widehat{Z}_t^* \widehat{\xi}_{t-1}^{*\mathrm{T}} \widehat{f}(\beta^{\mathrm{T}} Z_{t-1})^2\right]\left[\sum_{t=1}^{T} \widehat{\xi}_{t-1}^* \widehat{\xi}_{t-1}^{*\mathrm{T}} \widehat{f}(\beta^{\mathrm{T}} Z_{t-1})^2\right]^{-1} \tag{3.32}$$

假定 $(\Delta Z_t, \beta^{\mathrm{T}} Z_{t-1})$ 为 β-混合，根据 Fan 和 Li（1999）的结论，使用以上的非参数核密度方法进行估计时，可以保证参数估计的一致性，并且 $(\widehat{\Gamma}^{\mathrm{OLS}} - \Gamma)$ 以 $\sqrt{T}$ 的速度渐进收敛于正态分布。

（3）在（1）和（2）的基础上，对 SEMI-MF-VECM 的非参数部分 $F(\cdot)$ 进行估计。通过式（3.32）获得 $\widehat{\Gamma}^{\mathrm{OLS}}$ 后，式（3.26）写作式（3.33）

$$\Delta Z_t - \widehat{\Gamma}^{\mathrm{OLS}} \xi_{t-1} = \Delta \widetilde{Z}_t = F(\beta^{\mathrm{T}} Z_{t-1}) + u_t \tag{3.33}$$

其中，u_t 为随机扰动项。

此处采用 Silverman（1986）的方法选择最优窗宽，并使用 Nadaraya-Watson 正态核估计方法进行非参数估计，如式（3.34）所示：

$$\widehat{F}(z) = \frac{\sum\limits_{t=1}^{T} \Delta \widetilde{Z}_t K(z - \beta^{\mathrm{T}} Z_{t-1})}{\widehat{f}(z)} \tag{3.34}$$

非参数误差修正项 $F(\beta^{\mathrm{T}} Z_{t-1})$ 量化了滞后均衡误差 ecm_{t-1} 对 ΔZ_t 的影响。

第 ⟨ 4 ⟩ 章

基于半参数混频误差修正模型的
中国消费价格指数预测

CPI 作为重要宏观经济指标之一，因其变动率在一定程度上反映了通货膨胀或紧缩的程度，长期以来备受市场参与者和中央银行等部门的关注。对于市场投资者而言，CPI 可以作为监测指标以不断修正对于未来通货膨胀的预期，并根据市场信息和预期及时调整自身的投资策略。对于中央银行而言，货币政策具有长期中性的特点使得保持通货膨胀稳定被认为是重要目标，中央银行会持续关注 CPI 并及时进行预测，以帮助决策者迅速采取措施抵消潜在的价格异常波动。因此，对月度 CPI 进行及时、准确的预测和预报具有重要意义。

4.1   变量选择与数据处理

当前，国内和国际经济环境的复杂性使得中国 CPI 在不同时期的影响因素会有一定的差异。在国内因素方面，流动性、成本推动和需求拉动被认为是影响中国 CPI 的主要因素；在国际因素方面，国外成本、能源、货币以及对外贸易等也均会对中国 CPI 产生影响。本章综合考虑国内外主要影响因素，将采购经理指数、广义货币供应量（记为 M2）同比增速、沪深 300 指数（记为 CSI300）交易日收盘价和西得克萨斯中间基原油价格（记为 WTI）作为拟采用的备选变量，所有数据均来自 CEIC 数据库。

通过综合使用 AIC（Akaike information criterion，赤池信息量准则）以及变量显著性筛选后，本章最终选择 CSI300 周度数据，WTI 月度数据和 M2 月度数据作为解释变量。徐国祥和郑雯（2013）以及 Götz 等（2014）均发现资产价格变量有助于预测本国的通货膨胀，这也进一步说明了选用 CSI300 的合理性。本章选择 CPI 同比数据以消除季节影响，同样选择 M2 同比增速以消除季节影响。考虑到 CSI300 编制相对较晚，本章最终选择的样本区间为 2006 年 1 月至 2019 年 12

月，共 168 个观测样本，其中，使用 2006 年 1 月至 2018 年 12 月 156 个样本作为训练集，剩余 2019 年的 12 个月的样本作为测试集，以比较各种模型预测的优劣程度。

需要特殊说明的是 CSI300。考虑到 MIDAS 模型中频率倍差 m 不具有时变性质，本章对 2006 年 1 月 1 日至 2019 年 12 月 31 日共计 3404 个观测样本，通过适当变换将其转换为周度数据，且令每个月对应的高频数据为 4 周，即 $m = 4$。具体处理方法为：首先，将 2006 年 1 月 1 日至 2019 年 12 月 31 日共计 3404 个日度数据通过周内简单算术平均方式换算成周度数据；其次，提取每个月最后一个工作日对应的周度数据，并从月末开始往前依次保留共 4 个数据，对于部分存在工作周超过 4 个的月份，我们仅保留后四周数据，剔除第一周数据，而对于部分月份如阴历新年所在月份或十月份工作周不足 4 周的月份，我们取上一个月相邻周数据予以补足，最终共保留 672 个周度数据。

图 4-1 给出了本章考虑的相关解释变量与 CPI 的走势。考虑到原始数据由于量纲不同而难以比较，我们将各数据进行标准化处理。总体来看，CSI300、WTI 和 M2 与 CPI 均存在着十分紧密的联系，变量的波动趋势在大部分时间里趋于一致，但 CSI300 和 WTI 对 CPI 的领先或滞后关系在不同时期却存在着一定程度上的变化。具体来看，2008 年金融危机以前，WTI 是 CPI 的滞后指标，而在金融危机后，WTI 却是 CPI 的领先指标，这在一定程度上说明中国在金融危机后存在输入性通货膨胀的可能。对于 CSI300 和 CPI 的关系，CSI300 在绝大多数时间下均是 CPI 的领先指标，M2 和 CPI 的走势仅在金融危机时期有所弱化，之后二者关系始终较为紧密。通过以上初步分析，我们发现 CSI300、WTI 和 M2 与 CPI 在大部分时期具有明显的先行指标特征，这也进一步证明其作为解释变量用来预测 CPI 走势的合理性。

4.1.1　描述性统计

为对数据能有更加直观的了解，表 4-1 给出了相关变量的描述性统计结果。其中，CPI、WTI 和 M2 为月度数据，CSI300 为周度数据。具体来说，CPI 的均值为 2.68%，中位数为 2.27%，存在正的偏度，最小值为 –1.80%，最大值为 8.70%，大部分时间处于较为温和的通货膨胀区间。WTI 的均值和中位数分别为 73.12 美元和 70.80 美元，偏度较小，但从最大值和最小值可以看出，WTI 的历史数据极差较大，标准差为 22.08 美元。M2 的同比增速在样本区间内波动较大，其范围在 7.97% 到 29.74% 之间，存在正偏。CSI300 数据均值和中位数相差较小，分别为 3062.15 和 3152.10，CSI300 数据的波动性较大，其标准差达到了 883.99。

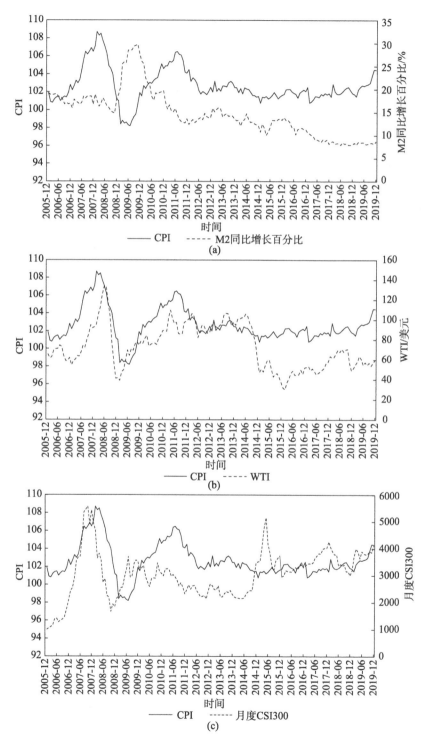

图 4-1　M2 同比增长百分比、WTI、月度 CSI300 与 CPI 折线图

表 4-1　描述性统计结果

变量	样本容量	均值	中位数	最大值	最小值	标准差	偏度	峰度
CPI	168	2.68%	2.27%	8.70%	−1.80%	1.96%	0.73	1.01
WTI	168	73.12 美元	70.80 美元	133.88 美元	30.32 美元	22.08 美元	0.32	−0.71
M2	168	14.72%	13.86%	29.74%	7.97%	5.05%	0.94	0.88
CSI300	672	3062.15	3152.10	5750.52	956.86	883.99	0.14	0.35

4.1.2　平稳性检验

由于协整关系针对非平稳数据，建模之前我们有必要对变量的平稳性进行检验。考虑到本章同时使用了月度和周度两种频率的数据，因此我们对 CSI300 的周度数据，以及对应的每个月第 1 周、第 2 周、第 3 周和第 4 周数据作为月度数据的替代变量均进行平稳性检验，分别用 CSI300_1、CSI300_2、CSI300_3 和 CSI300_4 表示。表 4-2 给出了 ADF（augmented Dick-Fuller，拓展的迪克–福勒）检验结果。

表 4-2　ADF 检验结果

变量	检验形式	统计量	p 值	结论
CPI	$(C,0,1)$	−2.029	0.302	不平稳
ΔCPI	$(0,0,3)$	−6.905	0.000	平稳
WTI	$(C,0,4)$	−2.518	0.121	不平稳
ΔWTI	$(0,0,3)$	−6.314	0.000	平稳
M2	$(C,0,3)$	−1.771	0.399	不平稳
ΔM2	$(0,0,2)$	−5.119	0.000	平稳
CSI300_4	$(C,0,3)$	0.692	0.835	不平稳
ΔCSI300_4	$(0,0,3)$	−5.421	0.000	平稳
CSI300_3	$(C,0,4)$	0.351	0.726	不平稳
ΔCSI300_3	$(0,0,3)$	−6.144	0.000	平稳
CSI300_2	$(C,0,4)$	0.307	0.712	不平稳
ΔCSI300_2	$(0,0,3)$	−5.486	0.000	平稳
CSI300_1	$(C,0,3)$	0.608	0.808	不平稳
ΔCSI300_1	$(0,0,3)$	−4.491	0.000	平稳

注：对于 ADF 检验法，检验形式中的(C,T,L)分别表示常数项、时间趋势项及滞后阶数，最优滞后阶数使用 BIC（Bayesian information criterion，贝叶斯信息准则）选取

表 4-2 中，除最后两行为 CSI300 周度数据外，其余变量均为月度数据。由表 4-2 中结果可知，CPI、WTI、M2 和 CSI300 的原序列均不平稳，但经过一阶差分后平稳，因此为一阶单整序列。从 CSI300 周度数据提取的对应月度数据也均为一阶单整序列。

4.1.3　协整检验

ECM-MIDAS 中动态混频协整关系具有不唯一性，因此本章尝试构建多种误差修正形式，并检验协整关系是否显著存在。已知本章月度数据和周度数据的频率倍差 $m = 4$，因此对于高频数据我们采用式（4.1）中的 4 种可能形式。

$$y_{t-1} - \eta' s_{t-1} - \gamma' x_{t-1-i/4}^{(4)}, \quad i = 0, 1, 2, 3 \tag{4.1}$$

其中，y_{t-1} 为低频被解释变量；s_{t-1} 为允许包含被解释变量滞后项的低频解释变量矩阵；$x_{t-1-i/4}^{(4)}$ 为高频解释变量矩阵；η'、γ' 分别为解释变量矩阵的系数向量。为检验所有可供选择的 4 种误差修正项是否具有协整关系，我们同时采用基于回归残差的 Engle-Granger 协整检验以及基于回归系数完全信息的 Johansen 协整检验进行判别。在进行 Johansen 协整检验前，使用 VAR 模型中 AIC 对不同协整关系形式选择最优滞后阶数，其结果均为 9 阶，因此对应的 Johansen 检验滞后阶数为 8 阶。具体结果如表 4-3 所示。

表 4-3　协整关系检验结果

动态混频协整关系形式	ADF 检验	Johansen 协整检验			
		无协整关系		最多一个协整关系	
		统计量	5%临界值	统计量	5%临界值
（A）$y_{t-1} - \eta' s_{t-1} - \gamma' x_{t-1}^{(4)}$	−2.832	56.24	48.28	23.60	31.52
（B）$y_{t-1} - \eta' s_{t-1} - \gamma' x_{t-1-1/4}^{(4)}$	−2.859	55.85	48.28	24.37	31.52
（C）$y_{t-1} - \eta' s_{t-1} - \gamma' x_{t-1-2/4}^{(4)}$	−2.879	55.50	48.28	24.59	31.52
（D）$y_{t-1} - \eta' s_{t-1} - \gamma' x_{t-1-3/4}^{(4)}$	0.794	56.64	48.28	24.37	31.52

注：第一列为误差修正项中可能的动态混频协整关系形式，ADF 检验为基于 Engle-Granger 协整检验获得的残差平稳性检验统计量，Johansen 协整检验分别给出了不同协整关系数量下计算获得的统计量及其临界值

由表 4-3 可知，基于回归残差的协整检验以及 Johansen 协整检验均拒绝了动态混频协整关系不存在协整关系的原假设。这里我们先采用动态混频协整关系形式（D）进行分析，在后文稳健性检验部分我们会对其他三种动态混频协整关系是否会对预测效果产生影响进行详细分析。对于 CSI300、M2 和 WTI 最优滞后阶数的选择，本章基于 AIC 从滞后 0 期到滞后 12 期中选择最优的滞后阶数，经过筛选发现滞后 1 期的 CSI300、滞后 1 期的 M2 和滞后 1 期的 CSI300 具有最小的 AIC 值，因此使用该结果构建 SEMI-ECM-MIDAS。通过使用 OLS 估计形式（D），获得误差修正项如式（4.2）所示：

$$\widehat{ecm_{t-1}} = \ln\text{CPI}_{t-1} - 4.488 + 0.038\ln\text{WTI}_{t-1} - 0.045\ln\text{M2}_{t-1} + 0.024\ln\text{CSI300}\_4_{t-3/4}^{(4)} \tag{4.2}$$
$$\quad\quad (0.000)\ (0.000)\quad\quad\quad (0.090)\quad\quad\quad (0.000)$$

其中，$\widehat{ecm_{t-1}}$ 为长期误差修正项；括号中的值为参数估计值的标准误差。误差修正项中系数在 10% 显著性水平下显著，因此本章选取的解释变量 WTI、M2 和 CSI300_4 对 CPI 具有较强的解释能力。

4.2　模型的构建与估计

4.2.1　模型的构建

为了反映 SEMI-ECM-MIDAS 对 CPI 的预测能力，本节同时建立 U-MIDAS、ECM-U-MIDAS 和 R-MIDAS（restricted-MIDAS，有约束混频数据抽样）模型三种混频抽样模型以及 ECM 和 ARIMA 模型两种同频模型。对不同预测模型的建模思路说明如下。

（1）U-MIDAS。该模型是自回归分布滞后模型的直接推广，属于参数线性模型，可直接使用 OLS 估计。其优点在于估计方法简单，缺点是在高频与低频变量间频率倍差较大，滞后阶数较长时会产生大量的待估参数，在样本有限的条件下可能会面临估计误差较大甚至自由度不足等问题。本节采用 AIC 对最优滞后阶数进行选择，对经过先对数后差分处理后的被解释变量滞后项 CPI 的选择范围限定在 0～2 阶，WTI 限定在 0～12 阶，M2 限定在 0～12 阶，CSI300 限定在 0～24 阶。通过网格搜索计算最小 AIC 值时可以发现，CPI 的最优滞后阶数为 2 阶，WTI 的最优滞后阶数范围为 1～12 阶，M2 的最优滞后阶数范围为 3～5 阶，CSI300 的最优滞后阶数范围为 6～8 阶，此时对应的 AIC 值为 241.911。

（2）ECM-U-MIDAS。由表 4-3 已知，CPI、M2、WTI 和 CSI300_4 之间存在长期稳定的协整关系，因此可以在 U-MIDAS 的基础上做进一步推广，将动态混频误差修正项式（4.2）考虑其中，以此进一步提高模型的预测能力。可以预见，一个良好的误差修正项应具有显著的反向修正机制，即参数为负且显著。

（3）R-MIDAS。由于 U-MIDAS 待估参数往往较多，为了使模型更加简洁，以减小模型的估计误差，Ghysels 等（2004）在原有参数无约束模型的基础上提出了对参数施加函数性约束的方法。本章使用均含有两个参数的 Almon 多项式函数和标准化指数 Nealmon 函数两种函数形式分别建模，并基于 AIC 选择最优的函数形式及其对应的滞后阶数。在滞后阶数的选择上，对于 WTI 和 M2 滞后阶数范围均设定为 1～12 阶，CSI300 滞后阶数范围设定为 1～24 阶。结果表明模型对变量 WTI、M2 和 CSI300 的参数形式均建议选择使用 Nealmon 形式，其对应的最优滞后阶数范围分别为 1～3 阶、1～6 阶和 2～5 阶。

（4）ECM。为了构建同频误差修正模型，高频解释变量将采用与动态混频协整关系形式（D）中相同的月度数据建模，即采用每个月对应的最后一周数值，记为 CSI300_4。在选择月度变量 CSI300_4 的最优滞后阶数方面，我们依然使用 AIC 从滞后阶数 1～6 中选取，在其他变量滞后阶数不变的条件下，CSI300_4 最优滞后阶数为 1 阶。

（5）ARIMA。不利用其他解释变量的信息，本章构建了包含一阶单整的单变量 ARIMA，通过 AIC 选择最优滞后阶数后其具体形式为 ARIMA（1,1,2）。

六种模型最优滞后阶数下不同模型的估计结果及相应的 AIC 值汇总于表 4-4 中，具体结果如下。

表 4-4　最优滞后阶数下不同模型的估计结果及相应的 AIC 值

系数	混频模型				同频模型	
	SEMI-ECM-MIDAS	U-MIDAS	ECM-U-MIDAS	R-MIDAS	ECM	ARIMA
C	−0.017	−0.007	−0.011	0.008	−0.029	
CPI_{t-2}	0.262***	0.204***	0.225***	0.278***	0.218***	
WTI_{t-1}	0.012**	0.009	0.010		0.011*	
WTI_{t-2}	−0.002	−0.005	−0.004		−0.002	
WTI_{t-3}	0.006	0.007	0.006		0.008	
WTI_{t-4}	0.010*	0.011**	0.010*		0.012*	
WTI_{t-5}	−0.010*	−0.008	−0.009		−0.015***	
WTI_{t-6}	0.012**	0.010	0.010*		0.010	
WTI_{t-7}	0.005	0.003	0.004		0.002	
WTI_{t-8}	−0.008	−0.010*	−0.009*		−0.007	
WTI_{t-9}	0.007	0.007	0.008		0.003	
WTI_{t-10}	0.002	0.002	0.003		0.005	
WTI_{t-11}	−0.009	−0.009	−0.008		−0.011	
WTI_{t-12}	0.002	0.000	0.001		0.005	
$CSI300_{t-6}$	0.024*	0.019	0.021			
$CSI300_{t-7}$	0.036**	0.043***	0.040***			
$CSI300_{t-8}$	0.014	0.016	0.016*			
$M2_{t-3}$	0.013	0.000	−0.002		0.009	
$M2_{t-4}$	−0.095*	−0.084	−0.093*		−0.117***	
$M2_{t-5}$	0.073	0.078	0.066		0.073	
ECM	NA		−5.546*		−6.644**	
neal_M2_1				0.155*		
neal_M2_2				−11.280		

续表

系数	混频模型				同频模型	
	SEMI-ECM-MIDAS	U-MIDAS	ECM-U-MIDAS	R-MIDAS	ECM	ARIMA
neal_WTI_1				0.014		
neal_WTI_2				7.194		
neal_CSI300_1				0.029		
neal_CSI300_2				0.236		
CSI300_4$_{t-1}$					0.031**	
AR(1)						0.736
MA(1)						−0.777
MA(2)						0.255*
AIC	238.349	241.911	240.839	254.358	248.248	264.897

注：NA 表示由于误差修正项 SEMI-ECM-MIDAS 中 ECM 项为非参数形式，系数因此不存在；neal 表示采用标准化指数 Nealmon 函数

***、**和*分别代表 1%、5%、10%的显著水平

4.2.2　模型的评估

从表 4-4 中我们可以获得如下几个初步结论。

（1）误差修正机制显著。ECM-U-MIDAS 和 ECM 中的误差修正项系数均为负数且显著，这表明即使在不同模型下方程均存在明显的反向误差修正机制。同时，与不引入误差修正项的模型相比，引入误差修正项后的模型均可以显著地降低 AIC 值。因此，对于非平稳混频时间序列，若变量之间存在协整关系，误差修正项的进入可以有效改进模型的估计效果。

（2）CPI 具有显著的记忆性。由于本章被解释变量 CPI 采用了对数差分形式，而被解释变量滞后项在滞后 2 期时显著，这表明 CPI 原数据具有长达 3 期的记忆性，且从表 4-4 中可以发现，不同模型对于滞后 2 期 CPI 的估计参数均在 0.2 左右波动。刘金全等（2007）、张晓蓉等（2007）以及龚玉婷等（2016）也获得了同样的结论，表明 CPI 具有很强的价格黏性。

（3）WTI、M2 和 CSI300 对 CPI 的影响具有显著的正向作用。从表 4-4 中还可发现，WTI、M2 和 CSI300 对 CPI 回归中显著的参数值大小有正有负，WTI 在滞后 4 期时便具有显著的正向系数，这表明当期国际原油价格市场的价格波动在 4 个月后才会对中国 CPI 产生影响。对于中国金融市场而言，CSI300 在滞后 7 期时参数为正且显著，这表明中国当月的金融市场波动在 7 周以后才会对下个月的 CPI 产生显著影响。

4.3　参数回归模型函数形式的一致性检验

在模型的构建与估计部分，本书基于 AIC 对包含 SEMI-ECM-MIDAS 在内的六种模型选择最优模型。在表 4-4 中，本章提出的 SEMI-ECM-MIDAS 具有最小的 AIC 值，这在一定程度上表明该模型在样本内具有最优的拟合效果。为进一步验证使用本章提出的 SEMI-ECM-MIDAS 设定的适当性，采用广义似然比统计量进行检验。同时，考虑到本章中 ECM-MIDAS 和 MIDAS 两个参数模型存在着明显的嵌套关系，使用传统的似然比检验以判断新加入的动态混频误差修正项在参数回归模型函数形式框架下是否可以显著提高模型拟合程度。MIDAS（记为模型1）、ECM-MIDAS（记为模型 2）和 SEMI-ECM-MIDAS（记为模型 3）分别基于似然比检验和广义似然比检验的具体结果如表 4-5 所示。

表 4-5　参数回归模型函数形式的一致性检验

假设检验	检验统计量	统计量值	p 值
H4-0：模型 1 和模型 2 拟合无差异 H4-1：模型 2 拟合优于模型 1	似然比检验	3.08	0.07
H4-2：模型 2 和模型 3 拟合无差异 H4-3：模型 3 拟合优于模型 2	广义似然比检验	0.25	0.03

注：广义似然比检验中，Bootstrap 计算时重复抽样 B=1000

由表 4-5 结果可知，在采用似然比检验对 MIDAS 和 ECM-MIDAS 两种参数模型检验时，卡方统计量为 3.08，对应的 p 值为 0.07，这表明新加入的误差修正项在 10%的显著性水平下均显著提高了模型的拟合程度，优于不包含误差修正项的模型。在此基础上，我们进一步检验 SEMI-ECM-MIDAS 是否优于参数的 ECM-MIDAS，对应的广义似然比检验统计量为 0.25，采用 Bootstrap 方法求得的 p 值为 0.03，在 5%的显著性水平下拒绝了 ECM-MIDAS 和 SEMI-ECM-MIDAS 拟合无差异的原假设，表明误差修正机制存在明显的非线性特征，因此在统计意义上证明了本章构建的 SEMI-ECM-MIDAS 的合理性。

4.4　中国消费价格指数预测

4.3 节从统计意义上说明了 SEMI-ECM-MIDAS 在样本拟合方面最优，为进一步检验该模型在预测方面是否同样具有最优的预测结果，本节同时比较 SEMI-ECM-MIDAS 与其他五种模型在样本外进行样本外预测。同时，为了避免样本选择对预测结果的影响，分别采用递归样本预测（recursive sample forecast）方法、滚动样本预测（rolling sample forecast）方法及固定样本预测（fixed sample forecast）方法进行样本外预测，并以此分别连续估计 $h=1$ 期、$h=3$ 期、$h=6$ 期和 $h=12$ 期的预测值，然后利用实际已观测值与不同模型的估计值计算 RMSE 和 MAE，预测结果如表 4-6 所示。

表 4-6　不同模型的预测结果

预测模型	递归样本预测							
	$h=12$		$h=6$		$h=3$		$h=1$	
	RMSE	MAE	RMSE	MAE	RMSE	MAE	RMSE	MAE
SEMI-ECM-MIDAS	0.364	0.259	0.407	0.249	0.564	0.373	0.047	0.047
ECM-U-MIDAS	0.433	0.301	0.445	0.251	0.625	0.436	0.138	0.138
U-MIDAS	0.431	0.288	0.454	0.234	0.640	0.425	0.122	0.122
R-MIDAS	0.432	0.319	0.423	0.257	0.587	0.408	0.085	0.085
ECM	0.488	0.340	0.525	0.319	0.719	0.480	0.151	0.151
ARIMA	0.429	0.319	0.414	0.297	0.567	0.468	0.116	0.116
预测模型	滚动样本预测							
	$h=12$		$h=6$		$h=3$		$h=1$	
	RMSE	MAE	RMSE	MAE	RMSE	MAE	RMSE	MAE
SEMI-ECM-MIDAS	0.358	0.246	0.408	0.241	0.566	0.366	0.047	0.047
ECM-U-MIDAS	0.427	0.289	0.444	0.245	0.625	0.431	0.138	0.138
U-MIDAS	0.421	0.273	0.454	0.227	0.641	0.422	0.122	0.122
R-MIDAS	0.433	0.313	0.421	0.245	0.583	0.386	0.085	0.085
ECM	0.493	0.350	0.522	0.309	0.719	0.485	0.151	0.151
ARIMA	0.432	0.329	0.411	0.289	0.552	0.453	0.116	0.116
预测模型	固定样本预测							
	$h=12$		$h=6$		$h=3$		$h=1$	
	RMSE	MAE	RMSE	MAE	RMSE	MAE	RMSE	MAE
SEMI-ECM-MIDAS	0.367	0.265	0.409	0.254	0.563	0.368	0.047	0.047
ECM-U-MIDAS	0.436	0.309	0.446	0.256	0.623	0.428`	0.138	0.138
U-MIDAS	0.434	0.292	0.455	0.241	0.639	0.419	0.122	0.122
R-MIDAS	0.438	0.330	0.427	0.269	0.585	0.392	0.085	0.085
ECM	0.499	0.353	0.531	0.337	0.719	0.485	0.151	0.151
ARIMA	0.440	0.320	0.412	0.293	0.556	0.451	0.116	0.116

表 4-6 中每列对应不同连续预测长度，每行对应不同样本选择方法。具体来看，在进行连续 1 期、连续 3 期、连续 6 期和连续 12 期预测时，除了连续 3 期的 SEMI-ECM-MIDAS 的 RMSE 略高于 ARIMA 模型的 RMSE，其他情况下，无论是使用递归样本、滚动样本还是固定样本，本章提出的 SEMI-ECM-MIDAS 均具有最小的 RMSE。从总的预测效果来看，本章提出的 SEMI-ECM-MIDAS 在连续预测时表现出了良好的预测性能。

4.5　主要结论与政策建议

本章以中国的月度宏观经济数据和周度的汇率数据为研究对象，实证研究中通过引入中国金融市场高频信息、国内货币市场发行量月度信息以及国外原油市场的月度信息对中国 CPI 预测效果进行了研究，并与其他预测模型进行了较为全面的比较。主要有以下结论。

第一，通过对通货膨胀自身记忆性的研究，得到其滞后项在滞后 2 期时显著，这表明通货膨胀原数据具有长达 3 期的记忆性。基于通货膨胀受到的影响分析发现 M2 同比增速、CSI300 交易日收盘价、WTI 对通货膨胀指标的影响较为显著。M2 同比增速对通货膨胀的影响较为长久，即 4 个月前的变动仍然显著。当期 WTI 在 4 个月后才会对中国 CPI 产生影响，表明中国有输入性通货膨胀的可能，这主要是由于中国是原油的输入大国。当月的金融市场波动在 7 周以后即会对下个月的 CPI 产生显著影响，这说明了中国股市的上涨与下跌也会引起物价的波动。

第二，CPI、M2、WTI 和 CSI300 之间协整关系的充分利用可以显著提高模型的预测能力。在构建参数误差修正模型时，误差修正项始终保持显著的反向修正机制。在进行连续 1 期、连续 3 期、连续 6 期和连续 12 期预测时，除连续 3 期的 SEMI-ECM-MIDAS 的 RMSE 略高于 ARIMA 模型的 RMSE，无论是使用递归样本、滚动样本还是固定样本，本章提出的 SEMI-ECM-MIDAS 均具有最优的预测精度。

总之，稳定物价作为四大宏观经济目标之一，CPI 为政府各种经济政策（货币政策、财政政策）的制定以及市场主体进行各种经济活动提供非常重要的参考依据。

SEMI-ECM-MIDAS 进一步丰富和完善了混频模型在 CPI 预测中的应用。由于本章采用的解释变量 WTI、M2 和 CSI300 均为实时变量，因此可以在每个月市场交易结束后快速预报当月的 CPI 结果，这比中国统计部门公布的时间早 10 天以上，如果 M2 和 WTI 数据同样采用高频变量，其预报时间可能会进一步提前。本章的模型可以起到对中国金融市场引发的通货膨胀以及国外输入性通货膨胀早期预警的作用，相关部门可以更早地了解 CPI 的波动情况，及时采取措施减轻市场波动对 CPI 产生的不良影响，与此同时，本章提出的模型也为宏观经济发展政策制定者提供了更为及时和准确的预测工具。

第 5 章

基于半参数混频误差修正模型的中国 国内生产总值预测

5.1 变量选择与数据处理

对于国内生产总值的测算，从支出法来看，包括代表拉动经济发展的三大需求的经济指标：固定资产投资、社会消费品零售总额和净出口。固定资产投资是投资中最重要的组成部分，反映了固定资产投资的规模、速度、结构和效果，是反映宏观经济走势和进行宏观调控与管理的重要依据，也是投资决策和管理的重要基础。社会消费品零售总额反映了国内整体消费支出情况，对判断当前宏观经济状态和未来一段时间的经济走势具有重要的指导作用，社会消费品零售总额提升，表明消费支出增加，经济运行情况较好，社会消费品零售总额下降，表明经济增长趋缓或不景气。净出口是反映中国经济开放程度和经济对外依存度的重要指标。在经济运行中，工业增加值也对国民经济具有重要作用，并且其变化在一定程度上反映国内生产总值的走势。所以，本章将选取固定资产投资完成额同比增长率、社会消费品零售总额同比增长率、净出口同比增长率和工业增加值同比增长率用于国内生产总值的预测。

本章使用数据均来源于万德数据库和国家统计局，直接获取的数据为指标的同比增长率，本章通过简单处理将其转化为对数同比增长率。由于固定资产投资完成额同比增长率和社会消费品零售总额同比增长率在统计时没有进行对每年第一个月的统计，所以本章采取插值的方式将其补全。本章使用 2000 年第 1 季度到 2019 年第 2 季度的实际国内生产总值同比增长率和 2000 年 1 月到 2019 年 6 月的月度固定资产投资完成额同比增长率（记为 GDZC）、社会消费品零售总额同比增长率（记为 SR）、净出口同比增长率（记为 IE）和工业增加值同比增长率（记为 INV）构建混频的相关模型。本章最终选择的国内生产总值同比增长率样本区间为 2000 年第 1 季度至 2019 年第 2 季度共 78 个观测样本，2000 年第 1 季度至

2017 年第 2 季度 70 个样本作为训练集，剩余 2017 年第 3 季度至 2019 年第 2 季度 8 个样本作为测试集，用于比较各种模型预测的优劣程度。对于月度指标的使用，总样本区间为 2000 年 1 月至 2019 年 6 月共 234 个观测样本，训练集和测试集的数据区间与国内生产总值同比增长率训练集和测试集数据区间划分保持一致。

5.1.1　描述性统计

图 5-1 和图 5-2 给出了四个月度指标同比增长率和国内生产总值同比增长率的走势图。从两幅图的对比来看，月度指标的同比增长率和国内生产总值同比增长率在样本区间内的趋势变化存在一定的相关性，并且月度指标的变化趋势表现得一致性较高。图 5-1 和图 5-2 中也反映了 2008 年金融危机给中国经济带来的影响，国内生产总值同比增长率、净出口同比增长率都急速下滑，净出口同比增长率一度达到负值。结合表 5-1 中描述性统计指标的结果来看，各指标在样本区间内偏度和峰度都不是很大，但明显看出固定资产投资完成额同比增长率和净出口同比增长率的极差非常大，从正态分布检验也同样可以看出，净出口同比增长率是不具有正态性的，这主要是 2008 年金融危机造成的。从国内生产总值同比增长率的趋势图可以明显看出 2012 年以来受全球经济增速放缓和中国经济结构转型的影响，中国经济增长率也明显放缓，与净出口同比增长率减缓的趋势较为一致，同时国内的固定资产投资完成额同比增长率减缓也较为明显。

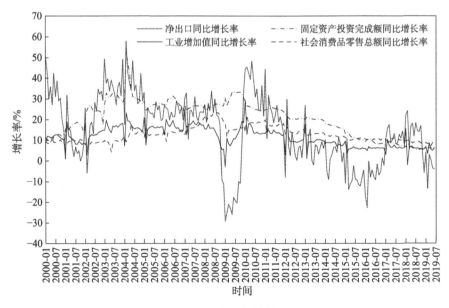

图 5-1　月度指标趋势图

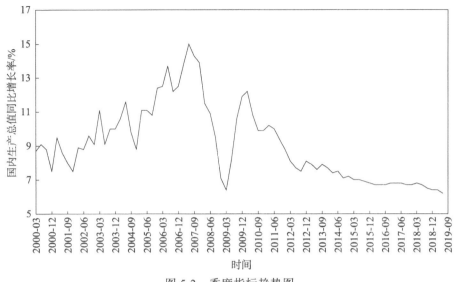

图 5-2　季度指标趋势图

表 5-1　描述性统计指标的结果

变量	样本量	均值/%	中位数/%	最大值/%	最小值/%	标准差/%	偏度/%	峰度/%	J-B 检验
GDP	78	9.0769	8.8	15	6.2	2.23	0.7238	−0.3906	7.4178**
GDZC	234	20.6619	23.4	53	5.3	8.94	−0.0003	−0.3027	0.7617
INV	234	11.6238	11.7	29.2	−2.93	4.99	0.1230	−0.1562	0.7672
IE	234	15.3372	17.51	57.9	−29.08	17.28	−0.2126	−0.4866	3.8941
SR	234	12.8702	12.23	23.3	4.3	3.73	0.7977	0.0289	25.1684***

注：J-B 检验为 Jarque-Bera（雅克-贝拉）检验

***、**分别代表 1%、5%的显著水平

5.1.2　平稳检验

　　由于协整关系针对非平稳数据，建模之前我们有必要对变量的平稳性进行检验。本章同时使用了季度和月度两种频率的数据，对固定资产投资完成额同比增长率、社会消费品零售总额同比增长率、净出口同比增长率和工业增加值同比增长率月度数据相对应变量的每个季度第 1 个月、第 2 个月、第 3 个月的数据作为季度数据的替代变量进行平稳性检验，分别用 GDZC_1、GDZC_2、GDZC_3、SR_1、SR_2、SR_3、IE_1、IE_2、IE_3、INV_1、INV_2、INV_3 表示，表 5-1 为各变量的描述性统计结果。表 5-2 给出了 ADF 检验结果。结果如表 5-2 所示，GDP、GDZC、SR、IE 和 INV 原始季度序列均为非平稳时间序列，但经过一次差分后均平稳，因此为一阶单整序列。GDZC、SR、IE 和 INV 季度数据的原始月度数据也均为一阶单整序列。

表 5-2　ADF 检验结果

变量	检验形式	统计量	1%临界值	结论
GDP	$(C,1,1)$	−1.7868	−3.51	不平稳
ΔGDP	$(0,0,2)$	−5.6117	−2.60	平稳
GDZC_1	$(C,0,1)$	−0.4436	−3.51	不平稳
ΔGDZC_1	$(0,0,2)$	−7.3158	−2.60	平稳
GDZC_2	$(C,0,1)$	−0.9109	−3.51	不平稳
ΔGDZC_2	$(0,0,3)$	−7.8822	−2.60	平稳
GDZC_3	$(C,0,4)$	−0.8863	−3.51	不平稳
ΔGDZC_3	$(0,0,3)$	−3.8046	−2.60	平稳
SR_1	$(C,0,4)$	−1.1786	−3.51	不平稳
ΔSR_1	$(0,0,5)$	−5.0671	−2.60	平稳
SR_2	$(C,0,4)$	−1.2012	−3.51	不平稳
ΔSR_2	$(0,0,3)$	−6.5199	−2.60	平稳
SR_3	$(C,0,1)$	−1.8618	−3.51	不平稳
ΔSR_3	$(0,0,2)$	−5.3432	−2.60	平稳
INV_1	$(C,0,5)$	−1.4509	−3.51	不平稳
ΔINV_1	$(0,0,4)$	−6.8040	−2.60	平稳
INV_2	$(C,0,4)$	−1.3079	−3.51	不平稳
ΔINV_2	$(0,0,4)$	−6.2912	−2.60	平稳
INV_3	$(C,0,2)$	−1.4687	−3.51	不平稳
ΔINV_3	$(0,0,1)$	−6.6541	−2.60	平稳
IE_1	$(C,0,4)$	−2.6609	−3.51	不平稳
ΔIE_1	$(0,0,3)$	−5.7162	−2.60	平稳
IE_2	$(C,0,4)$	−2.1636	−3.51	不平稳
ΔIE_2	$(0,0,3)$	−7.2869	−2.60	平稳
IE_3	$(C,0,1)$	−2.8663	−3.51	不平稳
ΔIE_3	$(0,0,3)$	−6.2976	−2.60	平稳

注：对于 ADF 检验法，检验形式中的（C,T,L）分别表示常数项、时间趋势项及滞后阶数，最优滞后阶数使用 BIC 选取

5.1.3　协整检验

由于 ECM-MIDAS 中动态混频协整关系具有不唯一性，因此本章尝试多种误差修正形式，并检验协整关系是否显著存在。本章季度数据和月度数据的频率倍差 $m=3$，因此对于高频数据采用式（5.1）中的三种可能形式。

$$y_{t-1} - \gamma' x^{(3)}_{t-1-\frac{i}{3}}, \quad i = 0, 1, 2 \tag{5.1}$$

其中，y_{t-1} 为低频被解释变量即 GDP 同比增长率；$x^{(3)}_{t-1-i/3}$ 为高频解释变量矩阵，包括固定资产投资完成额同比增长率、净出口同比增长率和社会消费品零售总额同比增长率；γ' 为解释变量系数向量。为检验所有可供选择的三种误差修正项是否具有协整关系，我们同时采用基于回归残差的 Engle-Granger 协整检验以及基于回归系数完全信息的 Johansen 协整检验进行判别。在进行 Johansen 协整检验前，使用 VAR 模型中 AIC 对不同协整关系形式选择最优滞后阶数，其结果分别为 5、6 和 5，因此对应的 Johansen 协整检验滞后阶数分别为 4、5、4。具体结果如表 5-3 所示。

表 5-3　协整检验结果

动态混频协整关系形式	ADF 检验	Johansen 协整检验			
		无协整关系		最多一个协整关系	
		统计量	1%临界值	统计量	1%临界值
（A）$y_{t-1} - \gamma' x^{(3)}_{t-1}$	−3.0523	113.56	84.45	55.57	60.16
（B）$y_{t-1} - \gamma' x^{(3)}_{t-1-1/3}$	−3.5926	95.87	84.45	56.93	60.16
（C）$y_{t-1} - \gamma' x^{(3)}_{t-1-2/3}$	−3.4403	118.06	84.45	66.14	60.16

注：第一列为误差修正项中可能的动态混频协整关系形式，ADF 检验为基于 Engle-Granger 协整检验获得的残差平稳性检验统计量，Johansen 协整检验分别给出了不同协整关系数量下计算获得的统计量及其临界值

由结果可知，基于回归残差的协整检验以及 Johansen 协整检验均拒绝了动态混频协整关系不存在协整关系的原假设。本章我们选择动态混频协整关系形式（A）进行分析，而对于固定资产投资完成额同比增长率、社会消费品零售总额同比增长率、净出口同比增长率和工业增加值同比增长率的最优滞后阶数的选择，本章基于 AIC 从滞后 0 期到滞后 4 期中选择最优的滞后阶数，最终确定滞后 0 期的固定资产投资完成额同比增长率、社会消费品零售总额同比增长率、净出口同比增长率和工业增加值同比增长率具有最小的 AIC 值，因此使用该结果构建 SEMI-ECM-MIDAS。通过使用 OLS 估计形式（A），获得长期误差修正项如下：

$$\widehat{ecm}_{t-1} = GDP_{t-1} - 2.336 - 0.0982 I_{t-1} - 0.622 INV_{t-1} + 0.0285 IE_{t-1} - 0.084 SR_{t-1} \tag{5.2}$$
$$\qquad\quad (0.0037) \quad (0.0184) \qquad (0.0090) \qquad\quad (0.0284) \qquad\quad (0.0495)$$

括号中的值为参数估计值对应的显著性检验的标准误，其值均非常小，表明误差修正项中各变量对应的系数在 5%显著性水平下均与零存在显著性差异，由此可见固定资产投资完成额、社会消费品零售总额、净出口和工业增加值对 GDP 有较强的解释能力。

5.2　模型的构建与估计

5.2.1　模型的构建

固定资产投资完成额、社会消费品零售总额、净出口和工业增加值对 GDP 有较强的解释能力，但净出口与 GDP 存在非线性关系，同时误差修正项也与 GDP 存在非线性关系，见图 5-3 和图 5-4，如果忽略经济变量之间存在的明显的非线性关系，而采用一般的线性模型和方法研究必然导致研究结果存在较大误差。非参数回归模型是数据驱动型模型，即变量之间关系形式完全由变量数据本身决定。所以对于变量之间的非线性关系部分使用非参数估计，而对于变量之间的线性关系部分使用参数估计，基于半参数的模型能够更好地捕捉变量的影响关系。

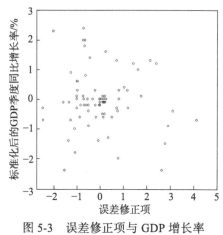

图 5-3　误差修正项与 GDP 增长率的散点图

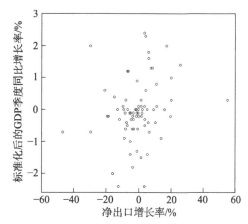

图 5-4　净出口增长率与 GDP 增长率的散点图（差分数据）

由于本章是基于中国时间序列数据的实证分析，半参数误差修正模型如式（5.3）所示：

$$\Delta\text{GDP}_t = \beta_0 + \beta_1\Delta\text{GDZC}^{(3)}_{t-\frac{i}{3}} + \beta_2\Delta\text{INV}^{(3)}_{t-\frac{i}{3}} + \beta_3\Delta\text{SR}^{(3)}_{t-\frac{i}{3}} + g(\Delta\text{IE}) + f(\text{ECM}) + \mu_t \quad （5.3）$$

其中，β_0 为常数项；μ_t 为随机误差项；函数 $f(\cdot)$ 和 $g(\cdot)$ 为非线性部分，使用非参数方法进行估计；$\beta_j(j=1,2,3)$ 为需要估计的参数。

5.2.2　模型的估计

为了反映 SEMI-ECM-MIDAS 对 GDP 的预测能力，我们同时还建立了

U-MIDAS、ECM-U-MIDAS、R-MIDAS 三种混频抽样模型以及 ECM 和 ARIMA 两种同频模型。对不同预测模型的建模思路说明如下。

（1）U-MIDAS。该模型是自回归分布滞后模型的直接推广，属于参数线性模型，因此可直接使用 OLS 估计。其优点在于估计方法简单，缺点是在频率倍差较大，且滞后阶数较长时会产生大量的待估参数，这在样本有限的条件下可能会面临估计误差较大甚至自由度不足等问题。本章采用 AIC 对最优滞后阶数进行选择，对经过对数差分处理后的被解释变量 GDP 滞后项的选择范围限定在 0～2 阶，GDZC、SR、IE 和 INV 的滞后项限定在 0～12 阶。通过网格搜索计算最小 AIC 值时可以发现，GDZC 的最优滞后阶数范围为 0～4 阶，INV 的最优滞后阶数范围为 0～1 阶，IE 的最优滞后阶数范围为 0～2 阶，SR 的最优滞后阶数范围为 0～2 阶，此时对应的 AIC 值为–492.3695。

（2）ECM-U-MIDAS。解释变量 GDZC、INV、IE 和 SR 之间存在长期稳定的协整关系，因此可以在 U-MIDAS 的基础上做进一步的推广，把动态混频误差修正项加入模型之中，考虑了长期的误差修正机制后的 ECM-U-MIDAS，如果长期误差修正机制存在，那么模型的预测效果应该会得到显著提升，并且在误差修正机制下误差修正参数应该显著为负。最终确定 GDZC 的最优滞后阶数范围为 0～4 阶，INV 的最优滞后阶数范围为 0～1 阶，IE 的最优滞后阶数范围为 0～2 阶，SR 的最优滞后阶数范围为 0～2 阶，此时对应的 AIC 值为–498.8557。

（3）R-MIDAS。由于 U-MIDAS 中存在高频数据，所以待估参数往往较多，为了减少待估参数数量、减少过拟合风险并减小模型的估计误差，Ghysels 等（2004）在原有参数无约束模型的基础上提出了对参数施加函数性约束的方法。本章使用含有两个参数的标准化指数 Nealmon 函数进行建模，并基于 AIC 选择最优的函数形式及其对应的滞后阶数。GDZC、SR、IE 和 INV 的滞后项限定在 0～12 阶。结果表明模型对变量 GDZC、SR、IE 和 INV 参数形式在使用 Almon 形式下，GDZC 的最优滞后阶数范围为 0～4 阶，INV 的最优滞后阶数范围为 0～1 阶，IE 的最优滞后阶数范围为 0～2 阶，SR 的最优滞后阶数范围为 0～2 阶，此时对应的 AIC 值为–483.8713。

（4）ECM。构建同频误差修正模型时，由于解释变量中存在高频数据，本章将月度高频数据 GDZC、SR、IE 和 INV 与 GDP 对应季度的第 2 个月的数据作为季度数据。在选择同频 ECM 最优滞后阶数方面，我们依赖 AIC，GDZC 滞后 0～1 阶、SR 滞后 0～1 阶、IE 滞后 0～1 阶和 INV 滞后 0～1 阶，AIC 值为–487.8909。

（5）ARIMA。不利用其他解释变量的信息，本章构建了包含一阶单整的单变量 ARIMA，通过 AIC 选择最优滞后阶数后其具体形式为 ARIMA（2,1,1）。

将六种模型最优滞后阶数下不同模型的参数估计结果及相应的 AIC 值汇总于表 5-4 中，具体结果如下。

表 5-4　参数估计结果及相应的 AIC 值

系数	混频模型				同频模型	
	SEMI-ECM-MIDAS	U-MIDAS	ECM-U-MIDAS	R-MIDAS	ECM	ARIMA
C	-8.3552×10^{-4}	-6.8354×10^{-5}	1.5080×10^{-4}	1.5866×10^{-4}	8.7781×10^{-3}	
ECM			-0.2262^{*}		-0.1630^{*}	
GDP_{t-1}	-0.0122	0.0238	-4.119×10^{-4}	-0.0107	-0.1544	
$GDZC_{t-1}$	0.0399	0.0355	0.0214		0.0467	
$GDZC_{t-2}$	0.1996^{***}	0.2129^{**}	0.2227^{***}			
$GDZC_{t-3}$	0.0428	0.0751	0.0922			
$GDZC_{t-4}$	0.0477	0.0507	0.0315			
INV_{t-1}	0.0165	0.0195	0.0131		-0.0591	
IE_{t-1}	0.0034	2.9717×10^{-3}	0.0042		-0.0028	
IE_{t-2}	0.0199	0.0208	0.0207			
SR_{t-1}	0.1647^{*}	0.1939^{*}	0.2166^{**}		-0.0898	
SR_{t-2}	-0.1738	-0.0195	0.2579^{**}			
almon_GDZC_1				0.1009		
almon_GDZC_2				-0.0158		
almon_INV_1				-0.4976		
almon_INV_2				0.5023		
almon_IE_1				-4.0924×10^{-3}		
almon_IE_2				3.5073×10^{-3}		
almon_SR_1				0.1354		
almon_SR_2				0.0225		
AR(1)						0.8625
AR(2)						0.1232
MA(1)						0.8559
AIC	-509.2204	-492.3695	-498.8557	-483.8713	-487.8909	-491.9700

***、**、*分别代表 1%、5%、10%的显著水平

从表 5-4 参数估计的结果来看，可以看出误差修正机制较为显著，ECM-U-MIDAS和 ECM 中的误差修正项系数均为负数且显著，这表明不论在混频 ECM 还是同频ECM 中都存在明显的反向误差修正机制。从表 5-4 中发现，固定资产投资完成额同比增长率和净出口同比增长率的回归参数都为正数并且社会消费品零售总额同比增长率和工业增加值同比增长率大多系数也为正数。通过系数估计值来看，固定资产投资完成额、社会消费品零售总额、净出口和工业增加值，都对 GDP 增长具有显著的正向作用，但是固定资产投资完成额的系数值相比更大，对经济总量的影响更为显著。投资、消费和净出口作为拉动经济的"三驾马车"，对于中国的

经济发挥了明显的拉动作用。工业增加值和 GDP 具有较强的一致性，也表现出了明显的正向关系。最后，从模型的 AIC 值看，SEMI-ECM-MIDAS 具有最小的 AIC 值，这也表现出引入非线性关系的模型在样本内具有更好的拟合效果。

5.3　参数回归模型函数形式的一致性检验

在模型的构建与估计部分，我们基于 AIC 对包含 SEMI-ECM-MIDAS 在内的六种模型进行比较。在表 5-4 中若仅以 AIC 作为评价标准可以发现，本章提出的 SEMI- ECM-MIDAS 具有最小的 AIC 值，这在一定程度上表明该模型在样本内具有最优的拟合效果，然而基于 AIC 获得的这一结论并不能在统计意义上揭示使用半参数混频误差修正模型的合理性。为进一步验证本章提出的 SEMI-ECM-MIDAS 设定的适当性，使用广义似然比统计量进行检验。同时，考虑到本章中 ECM-MIDAS 和 MIDAS 两个参数模型存在着明显的嵌套关系，我们使用传统的似然比检验以判断新加入的动态混频误差修正项在参数回归模型函数形式框架下是否可以显著提高模型的拟合程度。MIDAS（记为模型 1）、ECM-MIDAS（记为模型 2）和 SEMI-ECM-MIDAS（记为模型 3）基于似然比检验和广义似然比检验的具体检验结果如表 5-5 所示。

表 5-5　参数回归模型函数形式的一致性检验

假设检验	检验统计量	统计量值	p 值
H5-0：模型 1 和模型 2 拟合无差异 H5-1：模型 2 拟合优于模型 1	似然比检验	8.4882	0.0036
H5-2：模型 2 和模型 3 拟合无差异 H5-3：模型 3 拟合优于模型 2	广义似然比检验	4.1813	0.0109

注：广义似然比检验中，Bootstrap 计算时重复抽样 $B=1000$

由表 5-5 可知，在采用似然比检验对 MIDAS 和 ECM-MIDAS 两种参数模型检验时，卡方统计量为 8.4882，对应的 p 值为 0.0036，这表明新加入的误差修正项在任何显著性水平下均显著提高了模型的拟合程度，优于不包含误差修正项的模型。在此基础上，我们进一步检验 SEMI-ECM-MIDAS 是否优于参数的 ECM-MIDAS，对应的广义似然比统计量为 4.1813，p 值为 0.0109，在 5% 的显著性水平下拒绝了 ECM-MIDAS 和 SEMI-ECM-MIDAS 拟合无差异的原假设，表明误差修正机制存在明显的非线性特征，因此在统计意义上证明了本章构建的 SEMI-ECM-MIDAS 的合理性。

5.4　中国国内生产总值预测

上述内容从统计意义上证明了 SEMI-ECM-MIDAS 在样本拟合方面最优，为进一步检验该模型在预测方面是否同样具有最优的预测结果，将 SEMI-ECM-MIDAS 与其他五种模型在样本外进行连续一步预测，比较预测结果。为了避免样本选择对预测结果的影响，本章分别采用递归样本、滚动样本及固定样本进行一步预测，并以此分别连续估计 1 期、3 期、6 期和 12 期预测值，然后利用实际已观测值与不同模型的估计值计算 RMSE 和 MAE，汇总后的预测结果如表 5-6 所示。从表 5-6 来看，

表 5-6　不同模型的预测结果（×10^{-3}）

预测模型	固定样本预测							
	$h=12$		$h=6$		$h=3$		$h=1$	
	RMSE	MAE	RMSE	MAE	RMSE	MAE	RMSE	MAE
ARIMA	2.4141	2.4141	1.6939	1.3867	9.6502	7.0521	9.9227	7.4095
R-MIDAS	4.6844	4.6844	0.9402	0.8564	2.2283	1.9522	1.9736	1.6855
U-MIDAS	1.2397	1.2397	1.0093	0.9737	1.0465	9.1681	1.6766	1.4427
ECM-U-MIDAS	8.0452	8.0452	6.3538	6.0236	2.8737	1.8438	2.7834	1.9911
ECM	5.6701	5.6701	4.1158	3.4928	2.7419	2.0264	2.0365	1.5868
SEMI-ECM-MIDAS	0.2707	0.2707	0.4396	0.4152	0.7930	0.7003	1.7196	1.4190
预测模型	滚动样本预测							
	$h=12$		$h=6$		$h=3$		$h=1$	
	RMSE	MAE	RMSE	MAE	RMSE	MAE	RMSE	MAE
ARIMA	1.9947	1.9947	1.4167	1.0918	1.5225	1.2751	1.3483	1.1470
R-MIDAS	1.2775	1.2775	0.9137	0.7359	3.0404	2.9766	2.4443	2.1724
U-MIDAS	2.8222	2.8222	2.5756	2.2562	2.2022	2.1437	2.1003	1.9570
ECM-U-MIDAS	8.2397	8.2397	6.4166	6.0207	2.8397	1.8665	2.7165	1.9628
ECM	5.6681	5.6681	4.1072	3.4688	2.4509	1.9576	1.8845	1.5722
SEMI-ECM-MIDAS	0.2931	0.2931	0.4538	0.4319	0.7982	0.7112	1.6687	1.3883
预测模型	递归样本预测							
	$h=12$		$h=6$		$h=3$		$h=1$	
	RMSE	MAE	RMSE	MAE	RMSE	MAE	RMSE	MAE
ARIMA	2.5155	2.5155	1.8081	1.4870	1.7948	1.6038	1.4667	1.2652
R-MIDAS	0.5979	0.5979	0.9567	0.9058	2.2076	1.9198	1.9858	1.6690
U-MIDAS	1.1911	1.1911	0.9883	0.9612	1.0621	0.9406	1.6555	1.4186
ECM-U-MIDAS	8.0434	8.0434	6.3006	5.9386	2.8984	1.8831	2.7698	1.9682
ECM	5.6317	5.6317	4.0739	3.4688	2.7158	2.0883	2.0270	1.6209
SEMI-ECM-MIDAS	0.2648	0.2648	0.4504	0.4221	0.8078	0.7140	1.6822	1.3887

除进行超前 1 期预测表现之外，无论使用递归样本、滚动样本还是固定样本，本章提出的 SEMI-ECM-MIDAS 均具有最小的 RMSE 和 MAE。

5.5　主要结论与政策建议

本章基于考虑非线性关系的混频数据抽样模型（SEMI-ECM-MIDAS）对中国宏观经济总量进行预测，同时还建立了 U-MIDAS、ECM-U-MIDAS、R-MIDAS 三种混频抽样模型以及 ECM 和 ARIMA 两种同频模型进行对比分析。所以对六种模型进行参数估计，并使用样本内估计结果对样本外 GDP 进行不同期的预测。综合上述实证与分析，本章得出了以下结论。

第一，由于宏观经济数据和统计周期并不是非常统一，所以通过混频数据对宏观经济变量建模得到了广泛应用。本章采用混频模型，并选取了固定资产投资完成额同比增长率、社会消费品零售总额同比增长率、净出口同比增长率和工业增加值同比增长率四个经济变量对中国的 GDP 进行预测研究。但作为拉动中国经济的"三驾马车"，投资和消费对 GDP 表现出的是较为明显的线性影响，而净出口对 GDP 表现出的是明显的非线性影响。所以简单地使用线性模型会影响模型的预测能力。随着经济社会的不断发展，经济变量之间的影响关系日益复杂，在进行预测研究时，全面地考虑变量之间的影响关系可以提高模型的预测能力。

第二，本章基于鲁万波和杨冬（2018）的 SEMI-ECM-MIDAS 并进一步引入非线性的净出口同比增长率对中国的季度 GDP 增长率进行预测。首先，使用广义似然比检验对模型进行一致性检验，结果表明在统计意义上本章构建的 SEMI-ECM-MIDAS 具有明显的合理性。其次通过递归样本、滚动样本和固定样本的预测结果来看，相比于其他三种混频模型和两种同频模型，本章使用的 SEMI-ECM-MIDAS 在连续短期预测时表现出了良好的预测精度，在长期预测时表现出了较好的预测稳定性。

总之，引入非线性关系的混频模型有以下原因：一是由于非线性项的存在，能够更加精确地反映经济增长的变化趋势，提高预测能力；二是混频模型能够在较高频的数据更新之后及时对低频的目标变量进行更及时的预测。本章采用的解释变量固定资产投资完成额、社会消费品零售总额、净出口和工业增加值均是实时变量，因此能够高效地对 GDP 增长率进行实时预测。经济政策制定者能够以更准确的方式预测 GDP 的变化，从而对相关的宏观经济政策及时地进行调整，保证经济高效有序地运行。

第《6》章

基于非线性混频误差修正模型的中国
固定资产投资预测

6.1 变量选择与数据处理

经济体的供给水平主要由生产要素投入决定，在短期较为稳定，因此研究宏观经济时，通常以需求端为着眼点。一方面，在代表拉动经济发展的三大需求的经济指标——固定资产投资、社会消费品零售总额和净出口中，固定资产投资由于变化幅度较大、波动较为频繁且最易受到政策变化影响而备受关注；另一方面，在中国进入经济新常态以来，经济增速持续放缓，刺激中国内需成为中国宏观货币政策和财政政策的关注重点，投资需求增速放缓使得其成为中国"扩内需，保增长"任务的宏观调控主攻方向之一。基于以上两点原因，选择固定资产投资为本章实证研究的对象，数据选取区间为 2003 年第 1 季度至 2019 年第 4 季度，共 68 个观测样本，其中，使用 2003 年第 1 季度至 2017 年第 4 季度 60 个样本作为训练集，剩余的 2018 年第 1 季度至 2019 年第 4 季度的 8 个样本作为测试集，用于比较评价模型的预测效果。为避免主观因素的影响，本章采用 AIC 选择解释变量滞后期。本章所有数据均来自 CEIC 数据库和万德数据库。

6.1.1 固定资产投资指标选择

本章以固定资产投资（记为 GDZC）为实证部分的主要研究对象，在选取被解释变量时考虑到如下三方面的因素：首先，国家统计局公布的固定资产投资数据为月度数据，但从经济主体的层面来讲，经济主体从具有投资意愿和计划到具体的投资落地往往有一段时间差，如果使用月度数据作为被解释变量，在使得样本数量增加的同时也会显著放大这种差异带来的不确定性；其次，国家统计局公布的月度固定资产投资完成额数据中，由于每年一月的数据不予以统计，固定资产累计投资的一月的数据每年都会缺失，并且固定资产投资存在明显的季度效应；

最后，国家统计局公布的固定资产投资数据为名义数据，未剔除通货膨胀的影响。因此为消除季节、数据缺失和固定资产价格因素带来的影响，本章采用固定资产投资实际当季同比增长率作为代表固定资产投资增长率的建模变量，指标的具体计算方式如式（6.1）

固定资产投资实际当季同比增长率 = GDZC$_t$

$$= \frac{\text{固定资产投资名义当季同比} + 100}{\text{固定资产投资当季价格指数} + 100} \times 100\% \quad （6.1）$$

图 6-1 展示了从 2003 年第 1 季度到 2019 年第 4 季度样本期内的被解释变量固定资产投资实际当季同比增长率的变化情况。不难发现虽然指标波动性较强并且剔除了价格因素的影响，但代表实际的固定资产投资的被解释变量指标在 2015 年以前一直维持在较高的水平，同比增长指标在 10% 以上。而随着国内实际 GDP 增速放缓，在经济结构性调整和偏稳健的财政政策及货币政策等多重因素作用下，固定资产投资实际当季同比增长率也下降并稳定在零值附近。

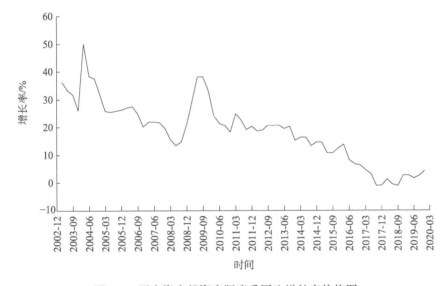

图 6-1 固定资产投资实际当季同比增长率趋势图

6.1.2 变量对固定资产投资增长率的影响机制分析

在政府财政支出（记为 CZZC）对私人固定资产投资的非线性效应方面的研究中，国外文献最早集中在经典宏观经济逻辑下的财富效应渠道、预期通货膨胀渠道等研究。但以上的影响渠道并不足以解释财政政策调整中私人投资的变化。自此，学术界又出现了丰富的关于政府财政政策非线性效应的理论和实证研究。

综合相关文献，对政府财政政策影响机制及非线性效应的原因解释主要可以分为以下几个方面。从传统的凯恩斯理论出发，政府财政支出将会通过财富渠道和利率渠道影响固定资产投资。当政府财政支出增加时，一方面会刺激总需求，增加国民财富，进而对私人消费和固定资产投资产生影响，另一方面，由于货币需求和通货膨胀的增加拉升实际利率，即投资的资金成本上升，从而抑制固定资产投资的增长。传统的凯恩斯理论能够在一定程度上解释政府财政支出对私人投资的影响路径，但常常与现实存在差异且无法解释财政支出的非线性机制，因此，众多学者又将理论研究重心着眼于预期效应和供给效应等方面。从预期效应渠道出发，当财政政策调整幅度较小时，市场经济主体对未来经济政策和部分重要经济指标的预期不会发生变化，而使得政府财政政策对私人投资的刺激作用效果显著。但当财政政策初始条件较差或财政政策调整幅度较大时，会改变市场中经济主体的预期，政府支出的增加不仅不会刺激私人投资，反而可能会产生较强的挤出效应，对私人投资刺激效应降低或者产生抑制效应。Alesina 和 Perotti（1997）指出此时减少政府支出反而会产生有益的结果，信誉效应是财政政策非线性效应的一种解释。非线性效应认为，当政府实行紧缩政策时，借贷需求减少，同时还刻意减少政府违约风险，从而使市场利率下降，然后，实际利率下降通过私人投资刺激总需求。而政府实行扩张政策时，借贷需求增加，政府的违约和通货膨胀风险增加，从而使市场利率上升，实际利率的上升则导致私人投资减少。

以上理论都是集中于需求端对财政政策的非线性效应进行解释，此外还有一部分研究将视角集中于非线性效应的供给端因素。其中，重要观点认为财政支出和税收将通过劳动力市场，即通过失业率和工资来影响私人投资，从而可能引起非线性效应。Alesina 等（2002）认为，财政政策不仅可以通过利率，还可以通过劳动力市场来影响投资决策。他们假设公司的投资决策是以未来现金流的折现值最大为基础的，而这取决于资本的边际生产率，资本的边际生产率是资本劳动比率的函数，公共部门工资、劳动者福利的永久上升，使劳动成本上升压力加大，降低了雇佣和资本的边际生产率，从而投资需求也下降，生产函数客观存在的边际效用递减规律也是政府财政政策产生非线性效应的主要原因之一。Alesina 和 Perotti（1997）也指出这一点，前者强调了税收的作用，而后者则强调政府支出（特别是政府工资和福利支出）减少的影响，但都是强调税收、政府支出变化引起失业率和工资的变化，从而导致私人投资变化。

然而，与供给方面引起非线性效应的因素相比，需求方面引起非线性效应的因素相对较多。需求方面的影响因素主要是那些影响主体对未来政策变化的预期的因素，比如，初始财政条件（国债水平、政府支出水平）或财政政策调整的幅度。而供给方面的影响却完全依赖财政政策变化的结构。

　　凯恩斯的经济理论认为投资的资金主要来源于储蓄，所以资金的供应量与供给成本构成了投资的条件。货币供应量 M2 的变化会直接影响资金的供应量与资金供给成本。货币供应量增加时，宽松的货币政策会使得企业获得资金更加容易，从而促使企业固定资产投资增加。一方面，宽松的货币政策会降低国内利率水平，利率即资本的使用成本，资本使用成本减少刺激企业增加固定资产投资；另一方面，宽松的货币政策会刺激经济增长，经济增长使得企业销售收入增加，进而促进企业投资。

　　综合国内外已有文献对汇率影响固定资产投资机制的分析（Harchaoui et al.，2005；曹伟和申宇，2013），汇率可以从市场需求变动渠道、生产要素成本渠道、资本收益率渠道影响固定资产投资增长率。从汇率变动通过市场需求变动渠道影响固定资产投资增长率出发，人民币升值会使得国内商品相对于国外商品更加昂贵，国外商品的相对价格降低会使得国内需求减少，进而使得国内企业销售收入下降，从而负向影响国内企业的固定资产投资决策，降低固定资产投资增长率。汇率变动可能通过生产要素成本渠道影响固定资产投资增长率。企业的部分生产要素依靠进口，当人民币升值时会使得进口依赖的生产要素价格下降，生产要素价格下降将会刺激企业对生产要素投资的热情，使得固定资产投资增长率上升，而国内企业生产要素的进口依赖程度越高，在人民币升值条件下对固定资产投资的刺激效应越强。汇率变动可能通过资本收益率渠道影响固定资产投资增长率。根据利率平价理论，汇率变动会影响利率水平。人民币贬值会使本国利率趋于上升，国外资本要求更高的资本回报率，国内资本成本也上升，国内企业面临更高的资本回报率需求，企业因投资成本的增加而削减投资，导致固定资产投资增长率趋于下降。同时，由于资本相对其他要素变得昂贵，企业会减少资本投入，资本的边际收益率上升以适应资本回报率的增加。

　　综上所述，汇率从三种主要机制影响固定资产投资增长率的变化，且汇率通过三种渠道对固定资产投资增长率的影响方向不同，汇率对固定资产投资增长率的影响机制较为复杂。由于汇率通过不同渠道影响固定资产投资的时滞性存在差异，本章使用高频的汇率数据可以反映汇率通过不同渠道对固定资产投资增长率的影响，这论证了本章利用较高频的月度汇率数据作为解释变量的合理性。

　　根据目前的实证研究和经济理论，固定资产投资的影响因素众多且关于投资增长的理论研究也一直是理论界和政策界关注的焦点。中国固定资产投资按照投资领域的不同，可以划分为基础设施建设项目投资、房地产开发投资、制造业投资以及其他投资等大类；按照投资资金的来源的不同，可以划分为国家预算内资金投资、国内贷款投资、外商投资、自筹资金投资和其他资金投资五类。陈浪南和杨子晖（2007）按资金来源把国家预算内资金投资作为公共投资的代理变量，并将固定资产投资减去国家预算内资金投资作为私人投资的代理变量，这里私人投资就近似于固定资产投资中的自筹资金投资、国内贷款投资、其他资金投资和外商投资之和，我们考虑这一定义下的私人投资情况。

如图 6-2 所示，自 2009 年以来，国家预算内资金投资在总固定资产投资中的占比一直较低，自筹资金投资占比和其他资金投资占比在 80%左右，截至 2017年，特别是固定资产投资减去国家预算内资金投资的私人投资总额占比持续高于90%，固定资产投资资金来源以自筹资金投资和其他资金投资为主导并且私人投资总额在固定资产投资中比例很高。政府政策对固定资产投资的影响已经由早期的直接调控为主转化为间接调控为主。因此，本章中的解释变量主要考虑对私人投资影响显著的经济变量。

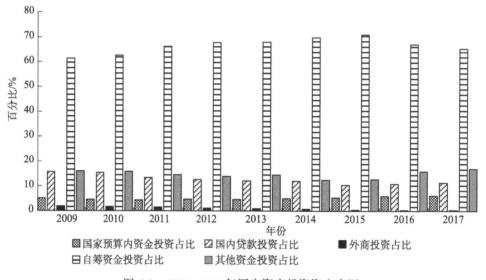

图 6-2　2009~2017 年固定资产投资资金来源

凯恩斯理论认为，较为宽松的货币政策会降低利率水平、减少私人投资成本，进而促进固定资产投资的增加。刘金叶和高铁梅（2009）通过 SVAR 模型分析了货币政策和财政政策对企业固定资产投资的影响，并认为政府对企业自筹资金投资决策行为的影响也逐渐由直接调控转化为间接调控，财政政策对企业投资具有挤出效应，并且挤出效应在经济衰退阶段更为显著，宽松货币政策在非经济衰退阶段对固定资产投资的正向影响显著。借鉴他们的变量选择，本章也使用 M2 作为代表货币政策的变量，他们的实证研究结果也说明了本章使用 CPI 调整的实际 M2 同比增长率作为解释变量预测实际固定资产投资同比增长率的合理性。

图 6-3 给出了 2009~2019 年实际 M2 同比增长率和实际固定资产投资同比增长率的走势。从走势图来看，实际 M2 同比增长率和实际固定资产投资同比增长

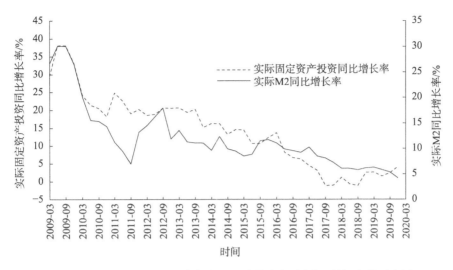

图 6-3　实际 M2 同比增长率与实际固定资产投资同比增长率的时序图

率在样本区间内存在较高的相关性，波动趋势在样本区间内趋于一致，并且实际 M2 同比增长率对固定资产投资的影响具有半年左右的滞后期，在趋势上看，实际 M2 同比增长率是固定资产投资的先行指标。

　　早在 20 世纪 70 年代，财政政策对私人投资的影响就已经开始成为人们最关注的和争论最多的问题之一。凯恩斯理论认为政府财政支出减少会减少需求并且对私人投资有着负面抑制效应。与之截然相反，新古典主义理论则提出政府财政支出的减少会为私人投资创造更大的空间，财政支出的增加会挤出私人部门投资，反而会起到抑制投资的作用。

　　鉴于该问题的重要性，国内学者对财政政策影响固定资产投资机制的问题有很多研究。郭庆旺和贾俊雪（2006）认为，公共投资对私人投资有显著的拉动作用。陈浪南和杨子晖（2007）认为政府公共投资对私人投资总是表现为挤入效应。与之相反，张勇和古明明（2011）则认为，中国公共投资对私人投资总是表现为挤出效应。而董秀良等（2006）研究发现，财政支出在短期内挤出私人投资，而长期内则表现为相反的挤入效应，这与尹贻林和卢晶（2008）的研究结论基本一致。王立勇和毕然（2014）研究了中国财政政策对私人投资的非线性效应，他们的研究结果表明财政政策存在非常显著的非线性效应，并且不同类型的财政支出的非线性效应表现存在差异。以上实证研究可以说明本章使用政府财政支出同比增长率作为解释变量的理论及实证依据。

　　图 6-4 为 2007 年至 2019 年财政支出同比增长率与实际固定资产投资同比增长率的趋势变动图，可以发现财政支出与固定资产投资之间存在滞后的相关性，但财政支出对固定资产投资的线性影响效应并不明显。借鉴于此，本章类似地采

用季度的财政支出同比增长率作为低频解释变量，并考虑其非线性结构对固定资产投资进行建模分析和预测。

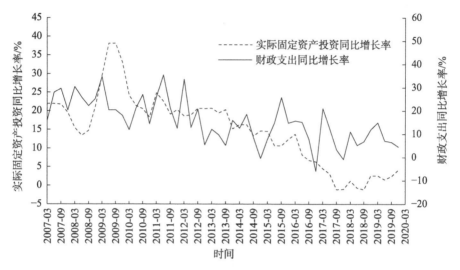

图 6-4   财政支出同比增长率与实际固定资产投资同比增长率时序图

自 2015 年 "8·11" 汇改以来，汇率已经成为影响宏观经济的敏感指标之一。已有的文献对汇率对固定资产投资的实证研究和理论研究较为丰富。刘建和和吴纯鑫（2011）、曹伟和申宇（2013）研究发现汇率水平变化有助于解释企业投资行为，并从理论和实证论证了汇率对不同行业固定资产投资的传递机制。刘思跃和唐松慧（2017）指出人民币汇率会在水平变动和波动率两个层次对固定资产投资产生影响，人民币贬值会刺激投资，且有时滞性。从微观企业层面来看，人民币升值通过进口成本渠道会带动企业投资，通过出口收入渠道会抑制企业投资。并且，这种带动或抑制的效果分别与企业进口、出口的依存度成正比（吴国鼎和姜国华，2015）。

在国内外，汇率对固定资产投资影响路径的研究也较为深入，Harchaoui 等（2005）提出了一个关于固定资产投资的微观理论模型，该模型从企业层面剖析了汇率变动如何传导到投资决策上。曹伟和申宇（2013）对其进行了扩展。刘思跃和唐松慧（2017）的研究进一步提出汇率对固定资产投资的三个传导渠道：收入渠道、成本渠道、利润渠道。这些理论和实证研究进一步证明了本章选择汇率作为解释变量的合理性。

考虑到建模时间区间内数据的一致性和数据的可获得性，本章使用月度的美元对人民币汇率（记为 ER）数据作为中国汇率的解释变量，图 6-5 给出了 2007

年至 2019 年美元对人民币汇率同比增长率与实际固定资产投资同比增长率的走势图。可以发现，美元对人民币汇率同比增长率和实际固定资产投资同比增长率在样本区间内联系密切，且两者趋势在考虑的时间段内趋于一致。值得注意的是，在 2015 年 "8·11" 汇改之后的两年内，由于调整人民币对美元汇率中间价报价机制，人民币汇率出现了大幅贬值的同时，受到 2015 年经济增速放缓的影响，实际固定资产投资同比增长率也出现了两年左右的快速下滑，其他大部分时间内美元对人民币汇率同比增长率与实际固定资产投资同比增长率趋势趋于一致，可见汇率变化对固定资产投资变化有较好的预见性，汇率是固定资产投资的先行指标。以上事实在数据上初步验证了本章使用汇率和实际 M2 同比增长率作为解释变量预测实际固定资产投资同比增长率变化是合理的。

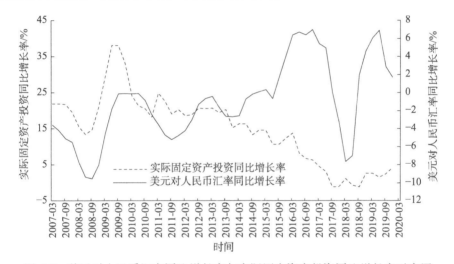

图 6-5　美元对人民币汇率同比增长率与实际固定资产投资同比增长率时序图

　　综上所述，根据已有文献和经济理论，本章选用影响中国固定资产投资变动的宏观经济因素：月度高频数据美元对人民币平均汇率、月度高频数据实际 M2 和季度低频数据政府财政支出作为解释变量。同时，本章数据选取区间为 2003 年第 1 季度至 2019 年第 4 季度，共 68 个观测样本，其中，使用 2003 年第 1 季度至 2017 年第 4 季度 60 个样本作为训练集，剩余的 2018 年第 1 季度至 2019 年第 4 季度的 8 个样本作为测试集，用于比较评价模型的预测效果。为避免主观因素的影响，本章均采用 AIC 选择解释变量滞后期。所有数据均来自 CEIC 数据库和万德数据库。

6.1.3　描述性统计

　　为了对数据能有一个更加直观的了解，表 6-1 给出了相关变量的描述性统计结果，需要特别指出的是，本章模型中涉及的变量都使用了在宏观经济建模中常用的对数化处理。其中，实际 M2 同比增长率和 ER 月度均值变化均为较高频的月度数据，GDZC 和 CZZC 同比增长率数据为较低频的季度数据。具体而言，GDZC季度同比数据的均值和中位数十分接近，均值为 4.7710%，中位数为 4.7860%，最小值为 4.5940%，最大值为 5.0110%，存在较小的负偏度，同时峰度为 2.5734，略小于正态分布峰度 3。季度数据 CZZC 的均值和中位数差异很小，均为 0.14% 左右，最大值和最小值差异较大，分别为 0.3032% 和 –0.0602%，存在较小的负偏度，峰度为 2.9904，与正态分布基本一致，说明样本期内对数的 CZZC 同比增长率变量分布与正态分布相似度较高。通货膨胀调整后的实际 M2 同比增长率月度数据存在明显的正偏度但峰度接近正态分布，偏度为 0.5026 且峰度为 3.4082，其均值为0.1424%，中位数为 0.1437%，最小值为 0.0767%，最大值为 0.2596%。较高频的月度数据 ER 也存在正偏度，偏度为 0.5527，均值 1.9410%，中位数 1.9210%，最大值 2.1140%，最小值 1.8090%，峰度 1.9171。

表 6-1　描述性统计结果

变量	均值/%	中位数/%	最大值/%	最小值/%	标准差	偏度	峰度
GDZC	4.7710	4.7860	5.0110	4.5940	0.0958	–0.0931	2.5734
CZZC	0.1432	0.1402	0.3032	–0.0602	0.0742	–0.0832	2.9904
M2	0.1424	0.1437	0.2596	0.0767	0.0409	0.5026	3.4082
ER	1.9410	1.9210	2.1140	1.8090	0.1034	0.5527	1.9171

6.1.4　平稳性检验

由于协整关系针对非平稳数据，建模之前我们有必要对模型涉及的经济变量的平稳性进行检验。由于本章数据为混频数据，同时存在季度和月度两种频率的数据，考虑如式（6.2）的三种修正项形式。

$$\text{ecm}_t = y_{t-1} - \gamma_1' x_{t-1,1}^{(1)} - \gamma_2' x_{t-1-\frac{i}{3},2}^{(3)}, \quad i = 0,1,2 \tag{6.2}$$

本章在建立 ECM 项估计方程时，参考 Götz 等（2014）在建立混频误差修正模型 ECM-MIDAS 时对 ECM 项的估计理论和方法，如式（6.2）所示，由于混频数据模型中存在多种长期协整关系，因此高频解释变量 $x_{t-1-\frac{i}{3},2}^{(3)}$ 选择合适的滞后期作为长期协整关系中的季度协整变量。因此我们也依次使用本章涉及的高频经济变量的每个季度的第 1 个月、第 2 个月和第 3 个月的数据作为季度数据的替代变量均进行平稳性检验，分别用 M2_1、M2_2、M2_3、ER_1、ER_2 和 ER_3 表示。表 6-2 给出了 ADF 检验结果。

表 6-2　ADF 检验结果

变量	检验形式	统计量	1%临界值	结论
GDZC	(0,0,4)	−1.4157	−2.60	不平稳
ΔGDZC	(0,0,3)	−5.3629***	−2.60	平稳
CZZC	(0,0,3)	−0.9019	−2.60	不平稳
ΔCZZC	(0,0,2)	−7.2664***	−2.60	平稳
M2_1	(0,0,7)	1.0573	−2.60	不平稳
ΔM2_1	(0,0,3)	−5.1395***	−2.60	平稳
M2_2	(0,0,4)	1.0475	−2.60	不平稳
ΔM2_2	(0,0,3)	−3.1397***	−2.60	平稳
M2_3	(0,0,4)	−0.9343	−2.60	不平稳
ΔM2_3	(0,0,3)	−5.1112***	−2.60	平稳
ER_1	(C,0,2)	−2.2033	−3.51	不平稳
ΔER_1	(0,0,1)	−4.7044***	−2.60	平稳
ER_2	(C,0,1)	−2.2827	−3.51	不平稳
ΔER_2	(0,0,1)	−4.8914***	−2.60	平稳
ER_3	(C,0,1)	−2.3382	−3.51	不平稳
ΔER_3	(0,0,1)	−4.6255***	−2.60	平稳

注：对于 ADF 检验法，检验形式中的（C,T,L）分别表示常数项、时间趋势项及滞后阶数，最优滞后阶数使用 BIC 选取

***代表 1%的显著水平

由表 6-2 中结果可知，CZZC、M2、ER 和 GDZC 的原序列均为不平稳时间序列，但经过一次差分后均平稳，因此都为一阶单整序列。由混频协整理论可知，本章涉及的混频经济变量可以建立混频误差修正模型。

6.1.5　协整检验

由于 ECM-MIDAS 中动态混频协整关系具有不唯一性，本章尝试多种误差修正形式，并检验协整关系是否显著存在。本章季度数据和月度数据的频率倍差 $m=3$，因此对于高频数据我们采用式（6.3）中的三种可能形式。

$$y_{t-1} - \gamma_1' x_{t-1,1}^{(1)} - \gamma_2' x_{t-1-\frac{i}{3},2}^{(3)}, \quad i=0,1,2 \tag{6.3}$$

其中，y_{t-1} 为低频被解释变量；$x_{t-1,1}^{(1)}$ 为低频解释变量矩阵；$x_{t-1-\frac{i}{3},2}^{(3)}$ 为高频解释变量矩阵。

为检验所有可供选择的三种误差修正项是否具有协整关系，我们同时采用基于回归残差的 Engle-Granger 协整检验以及基于回归系数完全信息的 Johansen 协整

检验进行判别。在进行 Johansen 协整检验前，使用 VAR 模型中 AIC 对不同协整关系形式选择最优滞后阶数，其结果分别为 6、7 和 6，对应 Johansen 协整检验滞后阶数分别为 5、6 和 5。具体结果如表 6-3 所示。

表 6-3　协整关系检验结果

动态混频协整关系形式	ADF 检验	Johansen 协整检验			
		无协整关系		最多一个协整关系	
		统计量	5%临界值	统计量	5%临界值
（A）$y_{t-1}-\gamma_1' x_{t-1,1}^{(1)}-\gamma_2' x_{t-1-\frac{2}{3},2}^{(3)}$	-3.1949^{***}	30.73	29.80	9.34	15.49
（B）$y_{t-1}-\gamma_1' x_{t-1,1}^{(1)}-\gamma_2' x_{t-1-\frac{1}{3},2}^{(3)}$	-3.3229^{***}	45.12	29.80	10.47	15.49
（C）$y_{t-1}-\gamma_1' x_{t-1,1}^{(1)}-\gamma_2' x_{t-1,2}^{(3)}$	-2.3298^{**}	38.68	29.80	13.21	15.49

注：第一列为误差修正项中可能的动态混频协整关系形式，ADF 检验为基于 Engle-Granger 协整检验获得的残差平稳性检验统计量，Johansen 协整检验分别给出了不同协整关系数量下计算获得的统计量及其临界值

***、**分别代表 1%、5%的显著水平

由表 6-3 结果可知，基于回归残差的协整检验以及 Johansen 协整检验均拒绝了动态混频协整关系不存在协整关系的原假设。本章我们选择动态混频协整关系形式（B）进行分析，而对于实际 M2 同比增长率和 ER 最优滞后阶数的选择，本章基于 AIC 从滞后 0 期到滞后 2 期中选择最优的滞后阶数，最终确定滞后 1 期的 M2 和滞后 1 期的 ER 具有最小的 AIC 值，因此使用该结果构建长期协整模型，并通过使用 OLS 估计形式（B），获得长期误差修正项如下：

$$\widehat{ecm_{t-1}} = \ln GDZC_{t-1} - 7.9184 - 0.1948\ln CZZC_{t-1-\frac{1}{3}}^{(1)} - 1.0928\ln M2_{t-1-\frac{1}{3}}^{(3)} - 0.3216\ln ER_{t-1-\frac{1}{3}}^{(3)} \quad (6.4)$$

$$(0.5206)\ (0.0943) \qquad (0.1355) \qquad (0.0665)$$

其中，$\widehat{ecm_{t-1}}$ 为长期误差修正项；括号中的值为参数估计值对应的显著性检验的标准误。

由式（6.4）可知，误差修正项中 CZZC、实际 M2 和 ER 的系数在 1%显著性水平下均与零存在显著性差异，由此可见本章使用的低频和高频解释变量对于 GDZC 具有很强的解释能力。

6.2　模型的构建与估计

为了反映 SEMI-ECM-MIDAS 对固定资产投资的预测能力，我们同时还建立

了 U-MIDAS、ECM-U-MIDAS、R-MIDAS 和 ECM-R-MIDAS 四种混频抽样模型以及一种同频误差修正模型（ECM），所有模型滞后期的选择均基于 AIC。下面对不同预测模型的建模思路说明如下。

（1）U-MIDAS。该模型是自回归分布滞后模型的直接推广，属于参数线性模型，因此可直接使用 OLS 估计。其优点在于估计方法简单，缺点是在频率倍差较大，且滞后阶数较长时会产生大量的待估参数，这在样本有限的条件下可能会面临估计误差较大甚至自由度不足等问题。本章采用 AIC 对最优滞后阶数进行选择，将经过对数差分处理后的被解释变量滞后项 GDZC 的选择范围限定在 0～2 阶，CZZC 限定在 0～4 阶，M2 限定在 0～15 阶，ER 限定在 0～12 阶。通过网格搜索的方法计算最小 AIC 值时可以发现，GDZC 的最优滞后阶数为 1，季度变量 CZZC 的最优滞后阶数为 1，月度变量 M2 的最优滞后阶数范围为 3～13 阶，月度变量 ER 的最优滞后阶数为 7～9 阶，此时对应的 AIC 值为–295.9245。

（2）ECM-U-MIDAS。由表 6-4 可知，解释变量 CZZC、M2、ER 和 GDZC 之间存在长期稳定的协整关系，因此可以在 U-MIDAS 的基础上做进一步的推广，把动态混频长期误差修正项加入模型之中，考虑了长期的误差修正机制后的 ECM-U-MIDAS，那么模型的预测效果应该会得到显著提升，并且在误差修正机制下误差修正参数应该显著为负。

表 6-4　最优滞后阶数下不同模型的估计结果及相应的 AIC 值

系数	混频模型					同频模型
	SEMI-ECM-MIDAS	U-MIDAS	ECM-U-MIDAS	R-MIDAS	ECM-R-MIDAS	ECM
C	−0.0056**	−0.0076***	−0.0077***	−0.0074**	−0.0075***	−0.0080**
$GDZC_{t-1}$	−0.1313*	−0.1724**	−0.1166	−0.1931**	−0.1266	
$M2_{t-3}$		0.4922	0.5235			0.3970*
$M2_{t-4}$		0.2736	0.2152			
$M2_{t-5}$		−0.1193	−0.1881			
$M2_{t-6}$		0.9021***	0.8209***			0.1350
$M2_{t-7}$		0.3914	0.3536*			
$M2_{t-8}$		−0.0844	−0.1732			
$M2_{t-9}$		−0.6752**	−0.6295**			−0.4220***
$M2_{t-10}$		−0.2731	−0.2724			
$M2_{t-11}$		0.2895	0.1661			
$M2_{t-12}$		0.1196	0.0428			−0.1550
$M2_{t-13}$		−0.8086***	−0.7965***			
ER_{t-7}	0.7391**	0.9817**	0.9084**	0.8401	0.7687	
ER_{t-8}	−0.2304	−0.4281	−0.4877*	−0.1418**	−0.2152**	

续表

系数	混频模型					同频模型
	SEMI-ECM-MIDAS	U-MIDAS	ECM-U-MIDAS	R-MIDAS	ECM-R-MIDAS	ECM
ER_{t-9}	−1.5937**	−1.4689***	−1.4184**	−1.5605***	−1.4870***	−0.6190**
$CZZC_{t-1}$	NA	−0.0520**	−0.0600***	−0.0664**	−0.0769***	−0.0720**
ECM	−0.1285**		−0.1192**		−0.1271**	−0.1770***
almon_M2_1	0.4344			0.5304	0.5162	
almon_M2_2	−0.0196			−0.0431	−0.0541	
almon_M2_3	−0.0061			−0.0043	−0.0034	
AR(1)						
MA(1)						
AIC	−303.3158	−295.9245	−301.0513	−296.7761	−301.6409	−295.4830

注：NA 表示由于误差修正项 SEMI-ECM-MIDAS 中 ECM 项为非参数形式，系数因此不存在；almon_M2_1、almon_M2_2、almon_M2_3 表示采用标准化指数 Almon 函数

***、**和*分别代表 1%、5%和 10%的显著水平

（3）R-MIDAS。由于 U-MIDAS 中存在高频数据，所以待估参数往往较多，为了减少待估参数数量、减少过拟合风险并减小模型的估计误差，Ghysels 等（2004）在原有参数无约束模型的基础上提出了对参数施加函数性约束的方法。本章使用含有三个参数的标准化指数 Almon 函数进行建模，并基于 AIC 选择最优的函数形式及其对应的滞后阶数。由 U-MIDAS 的选择结果可以看出，高频变量 M2 在较长的滞后期内对 GDZC 有显著影响，存在较多的待估参数，因此本章中的 R-MIDAS 仅考虑对 M2 滞后项系数限制为三参数的 Almon 函数结构。

（4）ECM-R-MIDAS。此模型是 Götz 等（2014）提出的，目的是解决 ECM-MIDAS 在宏观经济建模的过程中参数过多的问题。该模型综合了 ECM-U-MIDAS 和 R-MIDAS，在考虑了混频模型的误差修正机制的情况下利用参数施加函数约束的方法，减少模型待估参数。与 R-MIDAS 的建模过程类似，本章使用含有三个参数的标准化指数 Almon 函数约束高频变量 M2 的系数进行建模，并基于 AIC 选择最优的函数形式及其对应的滞后阶数。

（5）ECM。构建同频误差修正模型时，由于解释变量中存在高频数据，本章使用季度 CZZC、季度 M2 和季度 ER 的数据建立同频误差修正模型对固定资产投资增长率进行建模。在选择同频 ECM 最优滞后阶数方面，我们同样依赖于 AIC，对 M2 和 ER 的滞后阶数从 1～6 中进行网格搜索，当 CZZC 的滞后阶数为 1、M2 的滞后阶数为 1～4、ER 的滞后阶数为 3 时达到 AIC 值最低值−295.4830。

（6）SEMI-ECM-MIDAS。该模型为本章实证研究中重点讨论的模型，此模型在变量系数函数型约束条件下引入低频解释变量非线性形式。参考王立勇和毕然

（2014）检验财政政策对私人固定资产投资的非线性影响的研究，本章考虑使用该模型刻画 CZZC 对 GDZC 的非线性效应。

为了能够对不同模型参数估计结果有更加直观的了解，我们将六种模型最优滞后阶数下不同模型的估计结果及相应的 AIC 值汇总于表 6-4 中。

由表 6-4，我们可以得到如下结论。

（1）误差修正机制显著。ECM-U-MIDAS 和 ECM 中的误差修正项系数均为负数且显著，这表明固定资产投资不论在混频 ECM 还是同频 ECM 中都显示存在明显的反向误差修正机制。同时，与 U-MIDAS、R-MIDAS 相比，无论是在混频模型还是同频模型中引入误差修正项均可以显著地提升样本内数据的拟合效果，并且可以显著地降低 AIC 值。这表明，在变量之间存在协整关系的情况下，加入误差修正项可以有效改进固定资产投资预测模型的样本内数据拟合效果。

（2）固定资产投资增长率的差分滞后项系数为负数，SEMI-ECM-MIDAS 的固定资产投资的差分滞后项系数为–0.1313，一阶差分滞后项系数为负数说明上一季度固定资产投资增长率的增加会显著地抑制当季固定资产投资增长率的提升。在实际经济意义上，固定资产投资需求存在透支性，由政策因素、成本因素或者需求端的变化导致固定资产投资增长率上升，在下一季度会因资本和固定资产投资机会的减少而抑制固定资产投资增长率的上升。曹伟和申宇（2013）分析汇率对固定资产投资影响时也得到了相似的结果，他们分别对不同地区和不同行业的固定资产投资增长率进行建模，固定资产投资增长率的差分滞后项系数也均为负数，全国和所有行业的固定资产投资增长率的差分滞后项系数估计值分别为–0.1490和–0.3784，这与本章的滞后项系数估计值基本一致。刘思跃和唐松慧（2017）运用系统 GMM（generalized method of moments，广义矩估计）方法和非线性自回归分布滞后模型也得到了相似结果。这充分说明固定资产投资增长率的差分滞后项系数估计值为负的合理性。

（3）对实际广义货币供应量增长率的系数实施了三参数 Almon 函数约束之后，U-MIDAS 和 ECM-MIDAS 的 AIC 值都有一定的减少，虽然 AIC 值下降不多，但含约束的模型参数的变化更加平稳，在对样本内数据拟合上的优势并不显著，但含约束的模型在预测效果上的优势会更加显著。

（4）SEMI-ECM-MIDAS 的 AIC 值明显最小。对比 ECM-R-MIDAS 的结果，在考虑了政府财政政策的非线性效应之后，ECM-R-MIDAS 在样本内的拟合效果得到了显著的增加。这说明在本章考虑的 2003 年至 2019 年的样本期间内，CZZC 对 GDZC 影响的非线性效应明显存在。

（5）由六组模型回归的各变量及其滞后项系数可知，代表货币政策的实际M2 增长率对 GDZC 的影响存在三个月左右的滞后期，并且滞后效应持续一年左右。同时由 M2 系数正负可以得出结论，宽松的货币政策在短期对 GDZC 具有显著的正向促进作用，但是长期反而会抑制 GDZC 的增加，并在滞后七个月左右产生抑制效应。SEMI-ECM-MIDAS 中三参数 Almon 多项式的估计结果为 0.4344、–0.0196 和–0.0061，相对应的系数变化如图 6-6 所示，容易看出，三参数 Almon 多项式可以比较准确地刻画出货币政策的长短期效应。此外，从表 6-4 中还可发现，ER 在滞后 9 期时对 GDZC 具有非常显著的负向作用并且负系数绝对值较大，这说明人民币升值会刺激固定资产投资增长率上升。

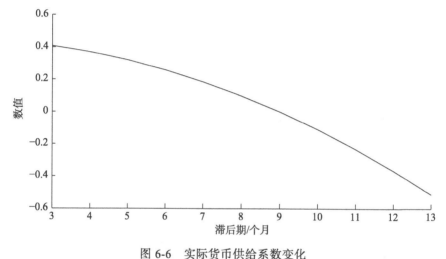

图 6-6　实际货币供给系数变化

6.3　非线性结构的一致性检验

本章在建模过程中，基于 AIC 分别建立了六种不同模型的最优模型。从表 6-4 的结果可以发现本章的 SEMI-ECM-MIDAS 具有最小的 AIC 值，这说明在 AIC 下 SEMI-ECM-MIDAS 在样本期内具有最佳的拟合效果。

为了更充分地揭示 SEMI-ECM-MIDAS 在实际固定资产投资增长率建模中的适用性，本章借鉴鲁万波和杨冬（2018）为检验混频动态协整机制中误差修正项的非线性机制的显著性而拓展的广义似然比检验，该检验在允许存在混频数据的情况下，判断参数模型设定的合理性。我们需要检验存在非线性结构的低频解释变量 $\Delta x_{t,1}^{(1)}$ 的参数形式设定是否恰当，因此进行如下检验。

$$H6\text{-}0: \ g(\Delta x_{t,1}^{(1)}) = \alpha_0 + \alpha_1 \Delta x_{t,1}^{(1)}$$

$$H6\text{-}1: \ g(\Delta x_{t,1}^{(1)}) \neq \alpha_0 + \alpha_1 \Delta x_{t,1}^{(1)}$$

其中，位置参数 α_0 和 α_1 分别为线性形式下的截距项和斜率系数。

同时，由于 MIDAS 和 ECM-MIDAS、包含财政支出的 ECM-R-MIDAS 和不包含财政支出的 ECM-R-MIDAS 存在明显的嵌套关系，本章将利用传统的似然比检验对误差修正项和财政支出项进行检验。似然比检验和广义似然比检验的具体结果如表 6-5 所示。

表 6-5　参数回归模型函数形式的一致性检验

假设检验	检验统计量	统计量	p 值
H6-2：MIDAS 和 ECM-MIDAS 拟合无差异 H6-3：ECM-MIDAS 拟合优于 MIDAS	似然比检验	7.1260	0.0076
H6-4：财政支出对实际固定资产投资无显著影响 H6-5：财政支出对实际固定资产投资影响效应显著	似然比检验	5.5491	0.0185
H6-6：非线性模型和 ECM-R-MIDAS 拟合无差异 H6-7：非线性模型拟合优于 ECM-R-MIDAS	广义似然比检验	1.1119	0.0150

注：广义似然比检验中，Bootstrap 计算时重复抽样 $B=1000$

由表 6-5 可知，利用似然比检验对 MIDAS 和 ECM-MIDAS 的 ECM 项进行检验时，似然比卡方统计量为 7.1260，对应的显著性水平 p 值为 0.0076，这表明加入的误差修正项在 1% 的显著性水平下显著提高了模型的拟合程度，包含误差修正项的模型优于不包含误差修正项的模型。对包含财政支出的 ECM-R-MIDAS 和不包含财政支出的 ECM-R-MIDAS 进行似然比检验，卡方统计量为 5.5491，对应的显著性水平 p 值为 0.0185，这说明可以在较高置信程度上拒绝财政政策对实际固定资产投资无显著影响的假设。

在以上结论的基础之上，我们利用广义似然比检验进一步检验约束非线性混频误差修正模型是否优于一般的 ECM-R-MIDAS，对应的广义似然比统计量为 1.1119，采用鲁万波和杨冬（2018）提出的基于 Bootstrap 的方法计算出该广义似然比检验统计量所对应的 p 值为 0.0150，在 5% 的显著性水平下拒绝了非线性模型和 ECM-R-MIDAS 拟合无差异的原假设。以上结果表明财政政策对固定资产投资的影响存在明显的非线性特征。这从数据层面上较为充分地证明了模型加入财政支出变量和考虑财政支出非线性影响机制的合理性。

6.4　中国固定资产投资预测

上文从统计意义上证明了 ECM-R-MIDAS 在样本拟合方面最优及模型结构的合理性，为进一步检验该模型在预测方面是否同样具有最优的预测结果，我们同时比较了 SMEI-ECM-MIDAS 与其他五种模型样本外连续一步预测的预测效果差异。同时，为了避免样本选择对预测结果的影响，本章分别采用递归样本、滚动样本及固定样本进行一步预测，并以此进行连续 8 期预测。为了避免单一指标评价的片面性，本章将利用实际已观测值与不同模型的估计值计算 RMSE、MAE、威尔莫特一致性指数（记为 IA）和希尔不等系数（记为 TIC），从不同的指标去衡量模型的预测性能，各个评价指标的计算方式如式（6.5）所示。

$$
\begin{aligned}
&\mathrm{RMSE} = \sqrt{\frac{1}{T} \times \sum_{i=1}^{T}(F_i - A_i)^2} \\
&\mathrm{MAE} = \frac{1}{T} \times \sum_{i=1}^{T} |F_i - A_i| \\
&\mathrm{IA} = 1 - \sum_{i=1}^{T}(F_i - A_i)^2 \bigg/ \sum_{i=1}^{T}\left(\left|F_i - \overline{A}\right| + \left|A_i - \overline{A}\right|\right)^2 \\
&\mathrm{TIC} = \sqrt{\frac{1}{T} \times \sum_{i=1}^{T}(F_i - A_i)^2} \bigg/ \left(\sqrt{\frac{1}{T} \times \sum_{i=1}^{T} A_i^2} + \sqrt{\frac{1}{T} \times \sum_{i=1}^{T} F_i^2}\right)
\end{aligned} \tag{6.5}
$$

其中，F_i 为第 i 期的预测值；A_i 为第 i 期的真实值。

按照以上方式建模对测试样本进行预测，汇总后的预测结果如表 6-6 所示。

表 6-6　不同模型的预测结果

预测模型	递归样本预测			
	$h=8$			
	RMSE	MAE	IA	TIC
SEMI-ECM-MIDAS	0.0197	0.0168	0.4507	0.6145
U-MIDAS	0.0277	0.0223	0.2797	0.7947
ECM-U-MIDAS	0.0266	0.0216	0.2719	0.7318
R-MIDAS	0.0233	0.0188	0.3132	0.7408
ECM-R-MIDAS	0.0231	0.0183	0.3505	0.6526
ECM	0.0230	0.0184	0.6715	0.5238

预测模型	滚动样本预测			
	$h=8$			
	RMSE	MAE	IA	TIC
SEMI-ECM-MIDAS	0.0185	0.0158	0.3943	0.6415
U-MIDAS	0.0277	0.0220	0.2359	0.8274
ECM-U-MIDAS	0.0285	0.0219	0.2315	0.7710
R-MIDAS	0.0218	0.0175	0.3116	0.7636
ECM-R-MIDAS	0.0229	0.0175	0.3384	0.6608
ECM	0.0225	0.0182	0.6407	0.5472

预测模型	固定样本预测			
	$h=8$			
	RMSE	MAE	IA	TIC
SEMI-ECM-MIDAS	0.0174	0.0148	0.5573	0.5814
U-MIDAS	0.0246	0.0183	0.3299	0.7830
ECM-U-MIDAS	0.0230	0.0181	0.2984	0.7099
R-MIDAS	0.0227	0.0177	0.3797	0.7180
ECM-R-MIDAS	0.0213	0.0168	0.3627	0.6427
ECM	0.0259	0.0205	0.6626	0.5329

表 6-6 中每列对应对 8 期预测效果进行评价时使用的不同指标，每行对应不同样本选择方法和不同的模型。具体来看，在连续 8 期预测时，不论是使用递归样本、滚动样本还是固定样本，本章研究的 ECM-R-MIDAS 大都具有较优的 RMSE 值和 MAE 值，说明相比于其他模型而言 ECM-R-MIDAS 具有较好的预测性能。从 IA 和 TIC 指标来看，混频模型的这两个指标表现差于同频 ECM，这可能是因为混频模型利用高频数据提高预测精度的同时也存在更大的波动性，但是由表 6-6 可以明显地看出在众多混频模型中，本章提出的 ECM-R-MIDAS 在 IA 和 TIC 指标上有较好的表现。从总的预测效果来看，本章使用的 ECM-R-MIDAS 在连续预测时表现出了良好的预测性能。这说明在经济变量具有明显的非线性效应机制的宏观经济指标进行预测时，本章提出的 ECM-R-MIDAS 有较高的适应性和预测性能。

为了获得更加稳健的结果，考虑 ECM-R-MIDAS 在不同的预测期长度下的预测性能，本章在以上研究的基础上改变预测长度，分别对实际固定资产投资增长率进行连续 4 期和连续 6 期预测。表 6-7 给出了相应的连续预测 4 期、6 期的 RMSE、MAE 预测指标结果。

表 6-7　连续预测 4 期、6 期，不同模型的预测结果

预测模型	递归样本预测			
	$h=4$		$h=6$	
	RMSE	MAE	RMSE	MAE
SEMI-ECM-MIDAS	0.0219	0.0209	0.0225	0.0206
U-MIDAS	0.0354	0.0332	0.0318	0.0282
ECM-U-MIDAS	0.0353	0.0324	0.0306	0.0271
R-MIDAS	0.0278	0.0254	0.0266	0.0231
ECM-R-MIDAS	0.0293	0.0251	0.0264	0.0227
ECM	0.0221	0.0177	0.0256	0.0208

续表

预测模型	滚动样本预测			
	$h=4$		$h=6$	
	RMSE	MAE	RMSE	MAE
SEMI-ECM-MIDAS	0.0228	0.0218	0.0212	0.0196
U-MIDAS	0.0377	0.0348	0.0319	0.0276
ECM-U-MIDAS	0.0388	0.0345	0.0328	0.0276
R-MIDAS	0.0282	0.0254	0.0249	0.0217
ECM-R-MIDAS	0.0302	0.0253	0.0263	0.0219
ECM	0.0243	0.0193	0.0248	0.0200

预测模型	固定样本预测			
	$h=4$		$h=6$	
	RMSE	MAE	RMSE	MAE
SEMI-ECM-MIDAS	0.0192	0.0169	0.0194	0.0169
U-MIDAS	0.0317	0.0280	0.0283	0.0235
ECM-U-MIDAS	0.0308	0.0271	0.0265	0.0228
R-MIDAS	0.0263	0.0229	0.0255	0.0210
ECM-R-MIDAS	0.0274	0.0219	0.0241	0.0197
ECM	0.0223	0.0197	0.0284	0.0232

由表 6-7 可以看出，连续 4 期和连续 6 期预测的结果中，ECM-R-MIDAS 获得了较优的预测效果，这与前面的结论一致。因此，本章使用 ECM-R-MIDAS 对实际固定资产投资增长率进行建模预测时，在充分使用实际广义货币供应量的高频数据信息时减少了参数估计个数，并且刻画了财政支出对固定资产投资增长率的非线性效应，使得 ECM-R-MIDAS 在预测分析中取得了明显优于其他混频和同频模型的预测效果，充分说明了 ECM-R-MIDAS 在存在类似的宏观经济变量非线性效应时的适用性和优越性。

6.5　主要结论与政策建议

本章基于约束非线性混频误差修正模型对固定资产投资进行了实证分析，模型结果表明汇率变动、政府财政政策和货币政策对固定资产投资有较为明显的影响，而货币政策的影响存在长短期差异，宽松的货币政策确实会在短中期内刺激固定资产投资的增长，但长期内宽松的货币政策会对固定资产投资产生明显的挤出效应。而财政政策对固定资产投资同组的非线性效应显著存在，这说明随着政府财政支出的增加，其财政政策的刺激效果会递减。同时本章基于多种不同的评价指标比较了本章模型与不同的传统同频和混频模型在固定资产投资预测效果上的差异，根据本章的预测结果可以发现约束非线性混频误差修正模型可以显著提升模型的预测效果，在大多数评价指标下都取得了最佳的预测精度。

混频数据在宏观经济中十分普遍，混频模型已经被广泛应用到宏观经济变量预测和预报以及金融市场波动率预测等研究中，并逐渐成为时间序列计量经济学以及金融计量经济学的研究热点。近些年来，众多学者对混频建模理论进行了进一步的完善和拓展。

本章在鲁万波和杨冬（2018）提出的 SEMI-ECM-MIDAS 和 ECM-R-MIDAS 的基础上提出了约束非线性混频误差修正模型及其估计方法。同时，通过理论和蒙特卡罗模拟的方法证明了参数估计的一致性和渐进收敛性，并且证明了该估计方法在中小样本的情况下也具有较好的统计性质。本章预测结果表明，相比较于传统的同频和混频模型，SEMI-ECM-MIDAS 在季度实际固定资产投资同比增长率预测上有显著的预测优势。在实证研究中通过引入代表政府财政政策的财政支出季度数据、代表货币政策的实际广义货币供应量月度数据以及美元对人民币汇率的月度数据，并考虑到财政政策非线性效应使用 ECM-R-MIDAS 对中国实际固定资产投资同比增长率拟合和预测效果进行了研究，并与其他同频和混频预测模型进行了较为全面的比较。实证结果表明，固定资产投资、财政支出、广义货币供应量和美元对人民币汇率直接存在长期协整关系，并且负数的误差修正项系数十分显著，即存在明显的误差修正机制。在考虑实际固定资产投资同比增长率与财政政策的非线性特征后，利用 ECM-R-MIDAS 建模进行连续 4 期、6 期、8 期预测，预测结果显示不论是在使用滚动样本、固定样本和递归样本进行预测时，ECM-R-MIDAS 几乎都具有较高的预测精度。

本章利用低频的季度数据财政支出、高频的月度数据实际广义货币供应量和美元对人民币汇率对固定资产投资季度同比增长率进行建模。模型结果显示，首先，代表货币政策的实际广义货币供应量对固定资产投资的影响存在明显的长短期效应差异，宽松货币政策在短期内会显著地刺激固定资产投资的增加，但在长期内，宽松的货币政策对私人投资的挤出效应会比较显著，进而抑制固定资产投资的增长。其次，政府财政政策的变动对固定资产投资的影响存在明显的非线性效应，这与王立勇和毕然（2014）的结论类似，但与之不同的是，本章结论中的非线性效应是另一个角度的考察。最后，美元对人民币汇率对固定资产投资也存在显著影响，但模型中美元对人民币汇率对固定资产投资的影响较为复杂，模型中美元对人民币汇率不同滞后期的系数的正负存在差异，因此可以将美元对人民币汇率看作模型中的一个控制变量，总体来讲人民币升值会促进固定资产投资的增加。此结果在经济理论上看是合理的，人民币升值会通过进口成本渠道带动企业投资，又通过出口收入渠道抑制企业投资。

混频模型的优势之一在于能够在较高频的数据更新之后及时对低频的目标变量进行快速预测。本章采用的解释变量中财政支出和实际广义货币供应量均为政府宏观调控政策可以直接调控的经济变量，这使得政府能够以最高的效率对固定资产投资增长率进行预测并更迅速更准确地分析和评估政策变动对固定资产投资可能带来的影响效应，从而对相关政策及时地进行调整，保证经济平稳增长。

第 ⟨ 7 ⟩ 章

基于半参数混频误差修正模型的
中国产业结构预测

7.1 变量选择与数据处理

产业结构决定了一国经济增长的方式，是影响经济增长的重要研究变量。与经济发展相伴的产业结构变动有如下特点：①由原来的以第一产业产值为主导的农业，转变为以第二产业和第三产业产值为主导的非农产业快速发展；②由初始的资源密集型产业向劳动密集型产业转变，再由劳动密集型产业向资金技术密集型产业和高附加值产业转变；③出现高速发展的产业带动经济高速发展。产业结构优化升级可以推动经济不断向资源节约型和知识密集型的方向发展，并推动经济持续高速发展。产业结构的优化升级主要包括产业结构的合理化和产业结构的高级化。产业结构合理化主要包括要素结构、技术结构、资本结构的合理化。除了包括单个产业结构内部的优化也包括产业之间结构的协调与优化。产业结构的高级化主要是指产业结构不断向"高级化"演进的过程，其主要包括第一产业占比优势向第二产业和第三产业转变、资源密集型产业向资金和技术密集型产业占比优势转变、初级产品向高附加值的中间产品和最终产品转变。

从产业结构优化升级的角度出发，产业结构指标有不同的衡量方法，比如，基于偏离份额分析法，利用不同产业的产值和就业人员情况构建的衡量产业结构合理化的结构偏离度指标；基于泰勒指数重新定义的产业结构合理化指标；吴敬琏（2013）利用第三产业产值与第二产业产值的比值作为产业结构高级化的衡量指标。本章为了捕捉产业结构指标的短期变化情况，在基于产业结构的高级化的基础上，选取第三产业产值的季度同比指标作为衡量产业结构的指标。在进行产业结构预测时，由于选用的是第三产业产值的季度同比指标作为被解释变量，并且其取值的变化范围较小，所以，为了防止解释变量变化范围的差异过大而导致预测效率的降低，建模中所选用的解释变量均是同比指标。具体而言，选取外国直接投资（foreign direct investment，FDI）同比增长速度的季度指标作为外商投资因素的衡量指标、以制造业采购经理指数同比增长速度的月度指标作为经济变化的衡量指标、以人民币计价的月度出口额同比指标作为对外贸易水平的衡量指标。上述变量的实证数据均来源于 CEIC 数据库。本章选择所有宏观经济变量最长共同发布时间范围，即 2009 年 1 月至 2019 年 12 月间时间序列进行建模研究，各变量包含 44 个季度数据或 132 个月度数据。

7.1.1   描述性统计

将样本内第三产业产值的季度同比发展指标绘制成时间序列图，得到图 7-1。由图 7-1 可知，第三产业同比发展指数的平均值为 109.8%。结合 2008 年的金融危机可以发现，在金融危机爆发以前，中国第三产业产值的同比发展水平较高，季度同比的增长速度在 10%以上。由此可知，2008 年全球金融危机爆发以前，中国产业升级整体进入一个相对高速发展的阶段，第三产业正在进入一个快速发展的阶段。2008 年全球金融危机爆发时，第三产业同比发展指数出现了明显的"断崖式"下跌，中国第三产业受全球金融危机的影响较为明显。结合 2008 年的全球金融危机背景可知，作为服务业的第三产业同时受到金融危机的直接影响和间接影响。金融危机首先带来的是信用体系的危机，这直接冲击了以服务业为主的第三产业的发展。其次金融危机使得国民可支配收入减少直接带来了服务需求的锐减，也同时影响了生产性服务业供需关系的失衡。由此可知，2008 年金融危机对中国第三产业的影响是巨大的，这一点通过图 7-1 中的具体数据也可以得到相同的结论。在 2008 年全球金融危机以后，第三产业同比发展指数较之前有所放缓，但总体仍呈增长趋势。

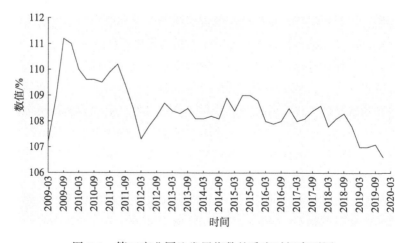

图 7-1   第三产业同比发展指数的季度时间序列图

对于解释变量，分别统计均值、标准差、最大值、最小值指标以观测样本内其他变量的变化和波动情况。具体而言，外国直接投资同比增长速度季度指标的均值为 1.76%、最大值为 41.91%、最小值为–81.82%、标准差为 22.46%，离散程度较大。月度制造业采购经理指数均值为 51.84%、最大值为 59.20%、最小值为 38.80%。月度出口额同比增长速度平均值为 85.05%、最大值为 400.88%、最小值为–179.73%，标准差为 143.72%，其波动程度和离散程度均较大。其中，月度数据的样本数量较多，更易捕获并反映样本时间内数据的波动情况，因此，其离散程度与季度变量数据相比变化较大。所以在建模前先对所研究的变量进行标准化处理和平稳性检验。同时，为了去除季节性周期对建模预测的影响，本章先对各变量进行季节性检验。最终基于加法模型剔除出口额同比指标和第三产业产值同比指标中的季节因素。

所研究的变量是混频数据，既包括月度数据也包括季度数据。所以，为了使数据抽样频率统一以便绘图比较变量之间的趋势变化情况，本章在绘图分析前先将数据进行同频变换，将高频的月度数据转为低频的季度数据。具体而言，以每一季度第一个月的数据作为该季度数据的代表值。同时，对变量进行对数变换后得到图 7-2。为了简化表述，后文将产业结构、外国直接投资、出口额和制造业采购经理指数分别用 INDUS、FDI、EX 和 PMI 代替。由图 7-2 可知，本章研究的变量与产业结构指标的趋势变动之间均存在密切的关系。总体上，INDUS 与 FDI、EX 的波动趋势基本趋于一致，且大部分时间内 INDUS 要先于 FDI 和 EX 变动，可近似将 INDUS 看成是 FDI 和 EX 的先行指标。同时，PMI 与 INDUS 时间变动方向基本趋于一致，PMI 也与 INDUS 有密切的变动关联。

具体分析外国直接投资、出口额、制造业采购经理指数与产业结构的影响关系。其中，吸引外国直接投资是改革开放以后中国产业结构优化升级的重要途径之一。随着外国直接投资一并引入的还有先进的技术和现代化管理及其溢出效应和扩散效应，它们促使了中国产业部门生产效率的提高和生产技术的革新，从而促进了产业结构的优化升级。从对外贸易进出口与产业结构之间的关系上看，随着产业结构的不断优化升级，中国对外贸易进出口的结构，尤其是出口结构发生了巨大的变化。21 世纪以来，中国工业制成品的出口比重已经占到总出口的 90%以上。其中，高新技术产品的比重不断提升，2017 年已经达到出口总额的 28.8%。通常情况下，产业结构的优化升级要优先于对外贸易结构的优化。从出口贸易与产业结构优化的影响上看，出口贸易可以带动国内产业规模经济、拓宽国际市场并增加国民收入，从而通过正向的累积效应促进产业结构的优化升级。制造业采购经理指数主要是衡量制造业整体增长和衰退情况的指标，其常被用作分析经济走势的先行指标。这里引入采购经理指数主要是作为一个衡量整体经济情况的指标，用以预测产业结构指标。

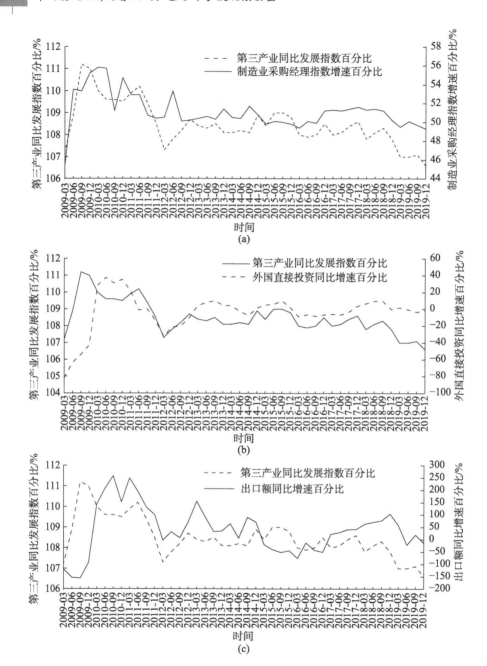

图 7-2　制造业采购经理指数增速百分比、外国直接投资同比增速百分比、
出口额同比增速百分比与第三产业同比发展指数百分比时间序列图

　　对实际数据描述和变量之间影响关系进行分析后发现，外国直接投资、出口额和制造业采购经理指数在理论和实际数据的表现上均与产业结构指标的变动有密切的关联。因此在建模预测前，可以进一步对这些变量进行平稳性检验和协整检验。

7.1.2　平稳性检验

后文除了使用混频模型进行建模外，还将建立同频模型以比较不同模型的预测效果。因此，需要先将高频数据转为低频数据进行平稳性检验。对数据预处理后的原始数据以及在此基础上差分后的数据进行平稳性检验得到表 7-1。由表 7-1 可知，在 0.05 的显著性水平下，未差分的数据均是不平稳数据。在对数据进行一阶差分后，数据均变为平稳数据。因此，所研究的变量均是一阶单整的。

表 7-1　ADF 检验结果

变量	检验形式	统计量	p 值	结论
产业结构指数	$(C,T,1)$	−2.829	0.240	不平稳
产业结构指数一阶差分	$(0,0,1)$	−4.991	0.010	平稳
外国直接投资	$(0,0,1)$	−0.215	0.543	不平稳
外国直接投资一阶差分	$(0,0,1)$	−5.882	0.010	平稳
1 月出口额	$(C,0,1)$	−0.400	0.484	不平稳
1 月出口额一阶差分	$(0,0,1)$	−4.696	0.010	平稳
2 月出口额	$(C,0,1)$	−0.587	0.425	不平稳
2 月出口额一阶差分	$(0,0,1)$	−4.447	0.010	平稳
3 月出口额	$(C,0,1)$	−0.582	0.426	不平稳
3 月出口额一阶差分	$(0,0,1)$	−4.025	0.010	平稳
1 月制造业采购经理指数	$(C,0,1)$	−0.400	0.484	不平稳
1 月制造业采购经理指数一阶差分	$(0,0,1)$	−5.316	0.010	平稳
2 月制造业采购经理指数	$(C,0,1)$	−0.216	0.543	不平稳
2 月制造业采购经理指数一阶差分	$(0,0,1)$	−2.619	0.010	平稳
3 月制造业采购经理指数	$(C,0,1)$	−0.309	0.513	不平稳
3 月制造业采购经理指数一阶差分	$(0,0,1)$	−6.670	0.010	平稳

注：对于 ADF 检验法，检验形式中的 (C,T,L) 分别表示常数项、时间趋势项及滞后阶数，最优滞后阶数使用 BIC 选取

7.1.3　协整检验

本章选取的数据为季度和月度数据，混频数据的频率倍差为 3。因此，对高频数据采用以下三种可能的表达形式进行协整检验，其公式如式（7.1）所示：

$$y_{t-1} - \eta' s_{t-1} - \gamma' x^{(3)}_{t-1-\frac{i}{3}}, \quad i=1,2,3 \qquad (7.1)$$

其中，y_{t-1} 为低频被解释变量；s_{t-1} 为允许包含被解释变量滞后项的低频解释变量矩阵；$\gamma' x^{(3)}_{t-1-i/3}$ 为高频解释变量矩阵；η' 和 γ' 分别为解释变量矩阵的系数向量。

选取式（7.1）中不同的 i 值建立不同的动态混频协整关系检验表达式，并对其进行协整检验得到表 7-2。由表 7-2 可知，基于回归残差的协整检验以及 Johansen

协整检验均拒绝了动态协整关系的原假设，说明变量之间存在协整关系。

表 7-2   协整关系检验结果

i 的取值	ADF 检验	Johansen 协整检验			
		无协整关系		最多一个协整关系	
		统计量	5%临界值	统计量	5%临界值
$i=1$	−3.170	94.06	48.28	47.26	31.52
$i=2$	−3.367	88.16	48.28	43.27	31.52
$i=3$	−3.339	80.29	48.28	40.44	31.52

此处选择 $i=1$ 下的动态混频协整关系形式进行分析，基于 AIC 对 FDI、PMI 和 EX 进行最优滞后阶数选择。分别选择滞后 1 期的 FDI、EX 和滞后 2 期的 PMI，得到长期误差修正项如下：

$$\widehat{ecm}_{t-1} = \ln INDUS_{t-1} - 0.258 + 0.011\ln FDI_{t-1} + 0.061\ln PMI_{t-1} - 0.006\ln EX_{t-1} \quad (7.2)$$
$$\quad\quad (0.0256)\ (0.0567)\quad\quad (0.0510)\quad\quad (0.0779)$$

式（7.2）中括号中的检验 p 值较小，在 10%的显著性水平下均与零存在显著性的差异。由此可知 FDI、EX 和 PMI 对于 INDUS 均有较强的解释能力。

7.2   模型的构建与估计

7.2.1   模型的构建

将数据划分为训练集和预测集，选取 2005 年 1 月到 2018 年 3 月的数据作为训练集、2018 年 4 月到 2019 年 3 月的数据作为测试集。基于 AIC 建立 U-MIDAS、R-MIDAS、ECM-R-MIDAS、ECM、ARIMA 和 SEMI-ECM-MIDAS。在建立同频模型时，选择高频数据每个季度的第一个月进行建模。最终，各模型的估计结果如表 7-3 所示。

表 7-3   模型估计结果

系数	混频模型				同频模型	
	SEMI-ECM-MIDAS	ECM-R-MIDAS	U-MIDAS	R-MIDAS	ECM	ARIMA
C	0.001	0.001	0.001	0.001	0.0005	
INDUS	0.018	0.015	−0.109	0.024	0.0141	
PMI_{t-1}	0.003	−0.016	0.001	0.007	0.0872	
PMI_{t-2}	0.074	0.099	0.125	0.077	−0.1416*	
PMI_{t-3}	0.195	0.159	0.171**	0.206	−0.0002	
PMI_{t-4}	0.020	0.042	0.104	0.025	0.0170	

续表

系数	混频模型				同频模型	
	SEMI-ECM-MIDAS	ECM-R-MIDAS	U-MIDAS	R-MIDAS	ECM	ARIMA
PMI_{t-5}	−0.087	−0.070	−0.076	−0.084	0.1390**	
PMI_{t-6}	−0.130	−0.141*	−0.099	−0.131	0.0124	
PMI_{t-7}	−0.167	−0.132	−0.128	−0.151	0.0508	
PMI_{t-8}	−0.112	−0.117	−0.066	−0.105	−0.0022	
PMI_{t-9}	0.010	0.070	0.031	0.010	0.0425	
FDI_{t-1}	−0.003	−0.001	−0.007	−0.005	0.0109**	
FDI_{t-2}	0.012	0.013*	0.007	0.013	0.0051	
FDI_{t-3}	−0.019	−0.021*	−0.022	−0.017	0.0031	
FDI_{t-4}	−0.019	−0.016*	−0.018	−0.018	−0.0077	
FDI_{t-5}	−0.005	−0.003	−0.006*	−0.006	0.0043	
FDI_{t-6}	0.001	0.002	−0.001	0.002	−0.0043	
FDI_{t-7}	−0.004*	−0.004**	−0.004	−0.003	0.0029	
FDI_{t-8}	−0.010*	−0.008	−0.012*	−0.010*	−0.0028	
FDI_{t-9}	−0.005	−0.003	−0.003	−0.005	−0.0004	
FDI_{t-10}	−0.010***	−0.009***	−0.012**	−0.010***	−0.0049	
EX_{t-1}	0.020	0.002	0.000	0.019	0.0002	
EX_{t-2}	0.497	0.020	0.004	0.504	−0.0011	
EX_{t-3}		0.462	−0.001		−0.0015	
EX_{t-4}			0.004		−0.0009	
EX_{t-5}			0.008		−0.0001	
EX_{t-6}			0.006		−0.0005	
ECM	NA				−0.0618	
AR(1)						−0.036
MA(1)						0.163

注：NA 表示由于误差修正项 SEMI-ECM-MIDAS 中 ECM 项为非参数形式，系数因此不存在
***、**和*分别代表在 1%、5%、10%的显著性水平下显著

7.2.2　模型的估计

由于经济的惯性，产业结构指标自身具有一定的自相关性，其下一期的变化容易受到之前几期的影响。因此，在建模的过程中引入了产业结构变量的滞后项。观察表 7-3 结果可知，外国直接投资是一个重要的解释变量，其滞后多期的值都会对本期产业结构指标产生影响，且这种影响同时具有正向影响和负向影响。具体而言，在滞后期数较短时，其对产业结构指标存在正向或负向影响；在滞后期数较长时，其负向影响较为明显。结合之前的研究可知，外国直接投资对产业结

构升级具有正向效应，也具有负向效应。就负向的效应而言，外国直接投资会加大被投资国对外资企业的依赖程度，阻碍东道国在技术上的创新，不利于产业结构的升级。投资国利用自身在产业链上的优势会争夺东道国的技术人才，也会在一定程度上抑制被投资国在产业结构上的升级。现阶段，外国直接投资对中国产业结构的正向促进作用不明显，外国直接投资的投资结构还有待升级。此外，采购经理指数作为经济运行的重要指标对产业结构的影响也是显著的。

　图 7-3 中，三种不同的混频模型的样本拟合效果差异不大，能够保持一致的波动趋势来拟合数据，并且能基本贴合数据的波动变化趋势。反观另两种同频模型在样本上的拟合图，其拟合的波动与实际波动出现了"偏大"或"偏小"的拟合情况。虽然同频模型能够拟合样本数据内的总体变化趋势，但是却没有混频模型拟合的效果更符合实际情况。结合图 7-3 和表 7-3 得到的结果可知，混频模型在样本内的拟合效果要强于同频模型，且能够捕获样本内的动态变化情况。因此，混频模型能够结合经济信息和混频数据信息更好地捕获高频经济变量样本内的动态变化情况，其在高频数据的拟合上具有优越性。

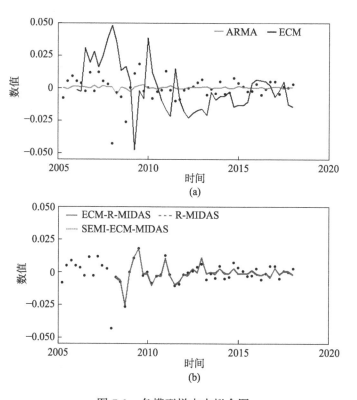

图 7-3　各模型样本内拟合图

7.3　参数回归模型函数形式的一致性检验

基于以上模型的估计结果分析，并不能说明引入混频数据和误差修正项是否具有统计上的合理性，因此本章对模型进行似然比检验。其中，模型 1、模型 2、模型 3 分别代表 U-MIDAS、ECM-R-MIDAS 和 SEMI-ECM-MIDAS。因为 U-MIDAS 和 ECM-R-MIDAS 两个参数模型之间存在嵌套关系，所以可基于传统的似然比进行检验。对于 ECM-MIDAS 和 SEMI-ECM-MIDAS 的检验本章用到鲁万波和杨冬（2018）提出的基于混频模型的广义似然比检验的方法。最终的检验结果如表 7-4 所示。由表 7-4 可知，在 0.05 的显著性水平下，引入误差修正项的模型显著地提高了模型的拟合优度。同时，误差修正机制存在明显的非线性特点，这说明本章引入 SEMI-ECM-MIDAS 具有合理性。

表 7-4　参数回归模型函数形式的一致性检验

假设检验	检验统计量	统计量值	p 值
H7-0：模型 1 和模型 2 拟合无差异 H7-1：模型 2 拟合优于模型 1	似然比检验	3.059	0.080
H7-2：模型 2 和模型 3 拟合无差异 H7-3：模型 3 拟合优于模型 2	广义似然比检验	0.715	0.000

7.4　中国产业结构预测

本章预测样本的时间跨度为 4 个季度，其中 h 代表训练集外预测的季度数，如当 $h=2$ 时，代表预测样本外 2 个季度的产业结构指标值。将各个模型的预测结果整理汇总，得到表 7-5。由表 7-5 可知，混频模型的预测效果要优于同频模型，

表 7-5　各模型预测结果（$\times 10^{-3}$）

预测模型	固定样本预测							
	$h=1$		$h=2$		$h=3$		$h=4$	
	RMSE	MAE	RMSE	MAE	RMSE	MAE	RMSE	MAE
SEMI-ECM-MIDAS	0.048	0.048	2.015	1.450	3.733	2.894	5.264	4.261
ECM-R-MIDAS	0.206	0.206	1.584	1.265	3.432	2.911	4.423	3.283
U-MIDAS	1.649	1.649	3.528	3.179	3.745	3.501	6.073	5.193
R-MIDAS	0.202	0.202	2.213	1.663	3.473	2.821	5.318	4.309
ECM	0.169	0.169	1.528	1.526	4.680	4.646	19.320	12.690
ARIMA	3.412	3.412	2.569	2.330	3.875	3.435	4.291	3.913

预测模型	滚动样本预测							
	$h=1$		$h=2$		$h=3$		$h=4$	
	RMSE	MAE	RMSE	MAE	RMSE	MAE	RMSE	MAE
SEMI-ECM-MIDAS	0.778	0.778	2.130	1.844	3.892	3.263	5.64	4.716
ECM-R-MIDAS	0.206	0.206	1.620	1.291	2.768	2.472	3.351	2.535
U-MIDAS	1.649	1.649	3.507	3.163	3.631	3.398	5.278	4.668
R-MIDAS	0.202	0.202	2.299	1.724	2.944	2.459	4.450	3.667
ECM	16.850	16.850	3.778	3.347	3.604	3.512	10.550	8.343
ARIMA	3.821	3.821	2.845	2.541	4.001	3.575	4.377	4.018

预测模型	递归样本预测							
	$h=1$		$h=2$		$h=3$		$h=4$	
	RMSE	MAE	RMSE	MAE	RMSE	MAE	RMSE	MAE
SEMI-ECM-MIDAS	0.312	0.312	2.026	1.581	3.637	2.916	5.338	4.285
ECM-R-MIDAS	0.206	0.206	1.499	1.204	3.474	2.961	4.224	3.237
U-MIDAS	1.649	1.649	3.843	3.414	4.128	3.825	6.154	5.373
R-MIDAS	0.202	0.202	2.301	1.725	3.422	2.802	5.241	4.262
ECM	16.850	16.850	1.725	1.721	4.891	4.571	17.020	11.160
ARIMA	3.821	3.821	2.845	2.541	4.001	3.575	4.377	4.018

且随着预测期数的增加，各模型的预测的平均准确度下降。同时，整体上基于滚动样本预测和递归样本预测的效果要优于固定样本预测模型。另外，SEMI-ECM-MIDAS 的固定样本预测模型的短期预测效果较好，能够同时利用宏观经济数据的高频信息和非线性结构特征。

结合表 7-3 和表 7-5 的结果可知，R-MIDAS 和 ECM-R-MIDAS 的预测效果要优于 U-MIDAS。由此可知，限制性混频参数模型预测效果要优于非限制性混频参数模型，且引入误差修正项后模型的预测效果较未引入误差修正项模型的准确度有所提高。因此，在样本内拟合较好的模型在样本外的预测效果不一定保持较优。适当地放松模型在训练集上的拟合精度会增加模型的泛化能力，使其在预测集上的预测效果提升。总体上，在产业结构指标的预测研究中，混频模型的预测效果要优于同频模型。同时，加入误差修正项的模型预测效果要强于未加入误差修正项的预测模型，半参数混频误差修正模型在部分短期预测上的表现较好。综上可知，由于使用了混频数据信息，混频模型在实际产业结构指标预测中的表现效果要优于传统的同频模型。实际经济预测问题复杂多样，并不存在固定表达形式的模型使得其预测优势优于所有其他模型。所以，在实际的建模中可以考虑使用多种混频模型同时进行预测并比较其预测效果。

7.5　主要结论与政策建议

本章基于高频数据信息构建多种混频模型以对产业结构指标进行预测。在建模的过程中先进行了协整检验和一致性检验,检验结果证明本章引入的经济变量存在长期协整关系,并且加入误差修正项的混频模型显著地提高了模型的拟合优度,具有统计上的合理性。本章比较不同混频模型在产业结构指标上的拟合预测效果。实验结果表明限制性混频模型的模型泛化能力要强于非限制性的混频模型,半参混频误差修正模型在短期预测效果上更好。同时,本章还得到以下主要结论。

第一,外国直接投资是影响产业结构指标的重要因素,但外国直接投资具有"双刃剑"的特点。一方面,外国直接投资可以给东道国带来技术和资金的支持,这会在一定程度上促进被投资国产业结构的升级优化;另一方面,外国直接投资会使东道国加大对外资企业的依赖,使部分技术人才流失。这将不利于被投资国的技术创新,会在一定程度上阻碍东道国产业结构的优化升级。并且,外国直接投资也会造成区域经济发展的不平衡,这也将不利于产业结构的升级。目前,外国直接投资未充分发挥其对产业结构的促进作用,外国直接投资的利用程度还有待进一步提高。

第二,产业结构优化升级的道路任重道远。现阶段,我们需要不断加快转变经济增长方式,扩大内需。同时,通过技术创新不断提高生产和服务的产品质量,引领产业结构的优化升级以推动经济的长期发展。在发展的过程中把握住"量"和"质"的关系。推动第三产业份额增加的同时,加速传统产业的转型、促进新兴产业发展。

第 ◆⟨ 8 ⟩◆ 章

基于半参数混频误差修正模型的
人民币汇率预测

8.1 变量选择与数据处理

本章的被解释变量为汇率，使用在岸美元对人民币名义汇率月度变量（记为 USD_CNY）。依据已有文献，影响汇率变动的主要宏观经济因素有：政府支出、外汇储备、外国直接投资、广义货币供应量、贸易条件（terms of trade，TOT）、贸易开放度、国外净资产（net foreign assets，NFA）、联邦基金利率（federal fund rate，FFR）、非贸易品与贸易品相对价格比（记为 CPI/PPI）等变量。结合经济和统计学意义，通过消除共线性和相关性较弱的不显著性变量，我们筛选出以下三个主要宏观经济变量：TOT、CPI/PPI、FFR。

TOT：该变量主要反映一个国家的贸易状况与贸易优势，通过计算进口价格指数与出口价格指数之比来衡量一国国际竞争力。中国并未发布出口与进口价格指数的相关官方数据，于是我们通过构造中国一定时期出口与进口总额的比值替代该变量。关于贸易条件与汇率的关系，国外学者研究较早。通常情况下，贸易条件改善，本币升值；贸易条件恶化，本币贬值。Marazzi 等（2005）研究得出20 世纪 80 年代美元汇率对进口价格的传递系数超过 0.5，90 年代的传递系数则下降到 0.2。但是同时期 McCarthy（2007）以工业化国家和地区为样本则得出汇率变化对进口物品物价有较强的传递效应的结论。由此可见，随国家地区的具体情况不同，汇率随贸易条件产生的收入效应与替代效应而变化，且不同时期的具体效果也会有所差异。总的来说，贸易条件改善时，所产生的收入效应大于替代效应，人民币升值；贸易条件恶化时收入效应小于替代效应，人民币贬值。在中美贸易战中，中国贸易条件恶化会导致人民币贬值。图 8-1 为 USD_CNY 与 TOT 走势，下文将会进一步对变量间的数量关系进行检验。

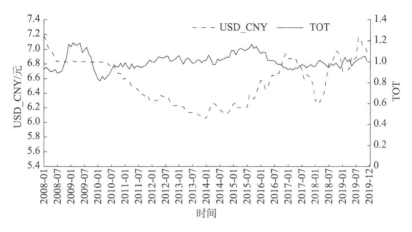

图 8-1　USD_CNY 与 TOT 走势

CPI/PPI：该变量反映的是非贸易品与贸易品生产部门生产增长率的相对变动。Khan 等（2004）对 16 个发展中国家进行分析，发现非贸易品部门的相对劳动生产率是非贸易品相对价格的主要决定因素，而且非贸易品相对价格对实际汇率产生了明显的影响。当贸易联系越紧密、财政支出占国内生产总值的比重越低、制造业比重越小，非贸易品相对价格对实际汇率的影响越大。由于 B-S（Balassa-Samuelson，巴拉萨–萨缪尔森）效应只是从生产率的角度解释实际汇率变化的原因，并没有明确生产率对名义汇率如何产生影响，所以本章将要探讨生产率的改变对名义汇率有无实时性的影响。由于无法直接获得非贸易品与贸易品价格指数，参考过往文献，本章使用 CPI 代替非贸易品价格指数，PPI（producer price index，生产价格指数）代替贸易品价格指数，两者比值作为非贸易品与贸易品价格指数。图 8-2 为汇率和非贸易品与贸易品相对价格比走势，谭小芬等（2015）

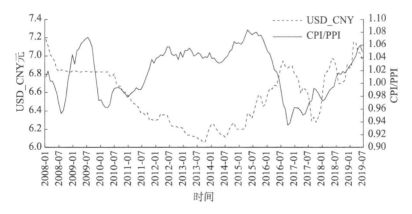

图 8-2　USD_CNY 与 CPI/PPI 走势

测算了 1997～2014 年中国与 43 个贸易伙伴国家（地区）的贸易品和非贸易品价格，采用均方误差分解法和方差分解法对实际汇率进行分解，发现非贸易品价格对人民币实际汇率的解释程度较小，人民币实际汇率的变化主要受到贸易品价格偏离一价定律的影响。

FFR：FFR 是指美国同业拆借市场利率中的隔夜拆借利率，这种利率的变动能够敏感地捕捉银行之间资金的余缺。美联储借助调节同业拆借市场利率调节商业银行的资金成本，并且将同业拆借市场的资金余缺信息传递给工商企业，由此影响消费、投资等国内经济变量，进而对世界经济产生影响。FFR 和再贴现率的调节均由美联储宣布，其取值水平体现了美联储对当前经济形势的判断。随着中国资本市场的进一步开放，中美两国间经济政策溢出效应显著增强，美国利率水平显著影响中国汇率市场。金春雨和张龙（2017）构建带有时变参数因子的 VAR 模型，认为美国货币政策将对中国宏观经济、私人经济和金融市场产生不同程度的冲击。肖卫国和兰晓梅（2017）基于 VAR 模型，实证分析了新一轮美联储加息对中国跨境资本流动的溢出效应，结果表明人民币对美元双向汇率弹性增强，中国通过增加人民币汇率波动幅度，提前释放了部分人民币对美元的贬值压力，导致其对中国直接投资、证券投资、银行部门的资本流动为负向溢出效应。如图 8-3 所示，FFR 与人民币汇率具有明显的相关性，汇改后，两者间相关性增强。

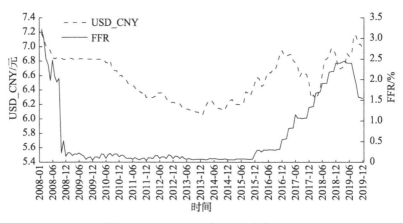

图 8-3　USD_CNY 与 FFR 走势

同时，由于本章研究的时间跨度包含 2015 年 "8·11" 汇改，本章加入汇改政策虚拟变量（POLICY），将 2015 年 8 月之前的虚拟变量值设为 0，2015 年 8 月之后的虚拟变量值设为 1，加入模型研究 "8·11" 汇改对美元对人民币汇率的影响。

8.1.1　描述性统计

考虑到原始数据由于量纲不同且具有季节效应而难以比较，本节将各变量数据进行标准化处理并取对数后去除季节效应再次观察。如图 8-4 至图 8-6 所示，TOT、CPI/PPI、FFR 与人民币汇率均存在相关关系，但各变量对人民币汇率的领先或滞后特征在不同时期存在着一定程度的变化。具体来看，TOT 在多数时间窗口内是人民币月度汇率的先行指标；2012 年人民币汇率的平缓增加并未伴随着 CPI/PPI 上行，2015 年汇改后 CPI/PPI 相对于人民币汇率呈现一定的先行特征；FFR 始终在一定范围内波动，与人民币月度汇率的相互作用特征较不明显。以上初步分析表明，TOT、CPI/PPI 和 FFR 与人民币汇率具有相关性，部分时期部分指标先行特征明显，用于预测人民币汇率较为合理。

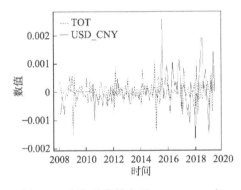

图 8-4　去除季节效应后 USD_CNY 与 TOT 趋势图

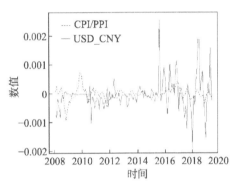

图 8-5　去除季节效应后 USD_CNY 与 CPI/PPI 的相对价格比趋势图

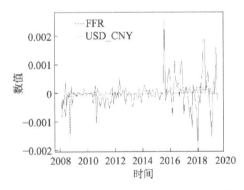

图 8-6　去除季节效应后 USD_CNY 与 FFR 趋势图

由此，本章将 TOT、CPI/PPI、FFR 作为解释变量构建混频数据模型预测人民币汇率。首先对汇率周度数据进行数据清洗。样本区间内有 576 个周，但其中每月周汇率最多可有 5 条记录，最少的 4 条记录，且实际上每个月均只有 4 周交易周。考虑到 MIDAS 模型中频率倍差 m 不具有时变性质，本章初步使用 2008 年 1 月 1 日至 2019 年 12 月 31 日共计 626 个观测样本。经综合考虑，我们设定混频数

据的频率倍差 $m=4$，即每个月共 4 周，则共需 576 个数据即可。具体处理方法为：将 2008 年 1 月 1 日至 2019 年 12 月 31 日的 626 个周数据从月末开始往前依次保留共 4 个数据。对于研究中出现超过 4 周的月份，本章对该月第一周数据进行剔除处理。若由于节日等原因造成工作周数不足，则利用上月份相邻周数据予以补齐，保证每月数据量相同。最终共保留 576 个周数据。

表 8-1 为变量的描述性统计分析结果。其中，均值和中位数是描述数据集中程度的统计量，标准差是描述数据离散程度的统计量，偏度和峰度是描述分布形状的统计量。观察 USD_CNY 的统计量，左偏扁平分布，均值和中位数都在 6.5 附近，标准差 0.299，最大值 7.182，最小值 6.054，说明中国人民币月度汇率集中在 7.2 和 6.1 之间，波动幅度较大。观察 TOT 的统计量，右偏扁平分布，均值和中位数相近，集中在 1.0 附近，标准差 0.074，最大值 1.183，最小值 0.817，说明中国贸易条件存在较大幅度的变动。

表 8-1　描述性统计

变量	变量个数	均值	中位数	最大值	最小值	标准差	偏度	峰度
USD_CNY	144	6.566	6.598	7.182	6.054	0.299	−0.026	−1.286
TOT	144	1.005	0.997	1.183	0.817	0.074	0.277	0.066
CPI/PPI	144	0.995	1.006	1.091	0.908	0.046	−0.001	−1.067
FFR	144	0.661	0.180	3.220	0.040	0.852	1.285	0.183
CNY_week	576	6.568	6.589	7.263	6.049	0.299	−0.027	−1.265

8.1.2　平稳性检验

由于协整关系针对非平稳数据，建模之前有必要对变量的平稳性进行检验。考虑到本章同时使用了月度和周度两种频率的数据，因此我们对 CNY 周数据，以及对应的每个月第 1 周、第 2 周、第 3 周、第 4 周数据作为月度数据的替代变量均进行平稳性检验，分别用 ln_CNY_week_1、ln_CNY_week_2、ln_CNY_week_3 和 ln_CNY_week_4 表示。表 8-2 给出了 ADF 检验结果。

表 8-2　ADF 检验结果

变量	检验形式	统计量	p 值	结论
ln_USD_CNY	（C,0,1）	−1.932	0.339	不平稳
Δln_USD_CNY	（0,0,1）	−6.675	0.010	平稳
ln_TOT	（C,0,1）	−3.647	0.010	平稳
ln_CPI/PPI	（0,0,1）	−4.149	0.010	平稳

变量	检验形式	统计量	p 值	结论
ln_FFR	(C,0,1)	−2.204	0.239	不平稳
Δln_FFR	(0,0,1)	−7.671	0.010	平稳
ln_CNY_week_1	(C,0,1)	−0.582	0.426	不平稳
Δln_CNY_week_1	(0,0,1)	−6.550	0.010	平稳
ln_CNY_week_2	(C,0,0)	−2.178	0.248	不平稳
Δln_CNY_week_2	(0,0,1)	−6.764	0.010	平稳
ln_CNY_week_3	(C,0,1)	−2.119	0.270	不平稳
Δln_CNY_week_3	(0,0,1)	−6.516	0.010	平稳
ln_CNY_week_4	(C,0,1)	−1.951	0.332	不平稳
Δln_CNY_week_4	(0,0,1)	−6.402	0.010	平稳
ln_CNY_week	(C,T,1)	−1.623	0.738	不平稳
Δln_CNY_week	(0,0,1)	−13.834	0.010	平稳

注：对于 ADF 检验法，检验形式中的（C,T,L）分别表示常数项、时间趋势项及滞后阶数，最优滞后阶数使用 BIC 选取

表 8-2 中，除 ln_CNY_week 和 Δln_CNY_week 为周度数据之外，其他均为月度数据。由表 8-2 结果可知，TOT、CPI/PPI 的原序列均平稳，USD_CNY、FFR 对数序列不平稳但经过一阶差分后平稳，由此构建同阶单整模型。从 CNY_week 提取的对应月度数据也均为一阶单整序列。

8.1.3　协整检验

在 SEMI-ECM-MIDAS 中，动态混频协整关系具有不唯一性。本章尝试建立多种误差修正模型，验证变量间是否显著存在协整关系。本章选取的指标中，月度数据与周度数据间频率倍差 m 为 4，于是对高频数据我们采用式（8.1）中 4 种可能形式。

$$y_{t-1} - \eta' s_{t-1} - \gamma' x^{(4)}_{t-1-\frac{i}{4}}, \quad i = 0,1,2,3 \qquad (8.1)$$

其中，y_{t-1} 为低频被解释变量；s_{t-1} 为允许包含被解释变量滞后项的低频解释变量矩阵；η' 为对应系数向量；$x^{(4)}_{t-1-\frac{i}{4}}$ 为高频解释变量矩阵；γ' 为系数向量。

为检验所有可供选择的 4 种误差修正项是否具有协整关系，我们采用基于回归系数完全信息的 Johansen 协整检验进行判别。在进行 Johansen 协整检验前，我们首先利用 VAR 模型中的 AIC 在不同的协整关系下选择最优滞后阶数，结果均为 2，因此对应的 Johansen 协整检验滞后阶数为 1。具体结果如表 8-3 所示。

表 8-3　协整关系检验

动态混频协整关系形式	ADF 检验	Johansen 协整检验			
		无协整关系		最多一个协整关系	
		统计量	5%临界值	统计量	5%临界值
（A）$y_{t-1}-\eta's_{t-1}-\gamma'x_{t-1}^{(3)}$	-7.919^{***}	93.743	69.819	59.189	47.856
（B）$y_{t-1}-\eta's_{t-1}-\gamma'x_{t-1-1/4}^{(3)}$	-8.603^{***}	91.998	69.819	56.947	47.856
（C）$y_{t-1}-\eta's_{t-1}-\gamma'x_{t-1-2/4}^{(3)}$	-7.768^{***}	83.087	69.819	53.939	47.856
（D）$y_{t-1}-\eta's_{t-1}-\gamma'x_{t-1-3/4}^{(3)}$	-8.622^{***}	81.256	69.819	53.086	47.856

注：第一列为误差修正项中可能的动态混频协整关系形式，ADF 检验为基于 Engle-Granger 协整检验获得的残差平稳性检验统计量，Johansen 协整检验能够对不同协整关系下获得的统计量及其临界值做出判断

***表示在 1%的显著性水平下显著

由表 8-3 可知，基于回归残差的协整检验以及 Johansen 协整检验，对动态混频模型不存在协整关系的原假设均予以拒绝。本章先采用动态混频协整关系形式（A）构建模型予以分析，为确保模型稳健性，我们会在后文详细研究（B）、（C）、（D）动态混频协整关系对预测效果的影响。关于书中 USD_CNY、CPI/PPI、FFR、TOT、POLICY 月度数据最优滞后阶数的选择方面，本章使用 AIC 值为准则，从解释变量滞后 0 至 12 期中选择最优滞后阶数。经模型筛选发现，滞后 1 期的 USD_CNY、滞后 1 期的 CPI/PPI、滞后 1 期的 FFR、滞后 1 期的 TOT 和滞后 1 期的 POLICY 的 AIC 值最小，因此使用该结果构建 SEMI-ECM 混频模型。同时使用最小二乘法，代入（A）形式获得长期误差修正项：

$$\widehat{ecm}_{t-1}=\ln USD\_CNY_{t-1}+15.427-0.047\ln CPI/PPI_{t-1}+0.001\ln FFR_{t-1}-0.023\ln TOT_{t-1}$$
$$\qquad(0.013)\ (0.101)\qquad\qquad(0.275)\qquad\quad(0.061)\qquad\qquad(8.2)$$
$$+0.773POLICY_{t-1}+0.087\ln CNY\_week_{t-1}^{(3)}$$
$$(0.009)\qquad\qquad(<0.001)$$

由式（8.2）括号中的 p 值可知，滞后 1 期 TOT、滞后 1 期 POLICY 以及周汇率 CNY_week 的回归系数分别在 10%、1%和 1%水平下显著，由此可见 TOT、POLICY 与滞后 1 期的周汇率 CNY_week 对月度汇率 USD_CNY 具有较强的解释能力。

8.2　模型的构建与估计

基于训练数据，建立四种混频模型——SEMI-ECM-MIDAS、U-MIDAS、ECM-U-MIDAS、R-MIDAS 与两种同频模型——ECM、ARIMA。基于 AIC，利用

网格搜索法筛选最优参数进行建模，得到各模型的系数估计值如表 8-4 所示。

表 8-4 最优滞后阶数下不同模型的估计结果

系数	混频模型				同频模型	
	SEMI-ECM-MIDAS	U-MIDAS	ECM-U-MIDAS	R-MIDAS	ECM	ARIMA
截距项	5.599×10^{-2}	-5.364×10^{-2}	-5.929×10^{-2}	-4.198×10^{-2}	-4.442×10^{-2}	
ΔUSD_CNY	5.855×10^{-2}	4.795×10^{-2}	1.372×10^{-2}	0.118	-5.268×10^{-2}	
CPI/PPI_{t-1}	0.102	8.421×10^{-2}	7.967×10^{-2}	-4.769×10^{-2}	7.958×10^{-2}	
CPI/PPI_{t-2}	0.167	1.656	0.178	7.048	0.139	
CPI/PPI_{t-3}	1.854×10^{-2}	-9.284×10^{-2}	-9.843×10^{-2}		-0.123	
CPI/PPI_{t-4}	-7.161×10^{-2}	-7.102×10^{-2}	-5.125×10^{-2}		5.923×10^{-2}	
FFR_{t-1}	8.939×10^{-4}	1.038×10^{-4}	1.474×10^{-3}	6.208×10^{-4}	-2.914×10^{-4}	
FFR_{t-2}	$-2.853\times10^{-3*}$	$-2.323\times10^{-3*}$	-2.117×10^{-3}	6.165	-1.836×10^{-3}	
FFR_{t-3}	-3.228×10^{-4}	4.981×10^{-4}	6.807×10^{-4}		7.289×10^{-4}	
FFR_{t-4}	-5.309×10^{-4}	7.786×10^{-5}	1.400×10^{-4}		5.607×10^{-6}	
FFR_{t-5}	-4.170×10^{-4}	-5.866×10^{-4}	-6.963×10^{-4}		-8.046×10^{-4}	
FFR_{t-6}	1.089×10^{-4}	-6.070×10^{-4}	-5.890×10^{-4}		-8.328×10^{-4}	
TOT_{t-1}	1.163×10^{-2}	1.091×10^{-2}	7.281×10^{-3}	4.823×10^{-2}	5.163×10^{-3}	
TOT_{t-2}	4.663×10^{-3}	4.170×10^{-3}	2.076×10^{-3}	0.144	-1.292×10^{-2}	
TOT_{t-3}	1.375×10^{-4}	5.307×10^{-3}	2.211×10^{-3}		-1.859×10^{-2}	
TOT_{t-4}	-6.555×10^{-3}	3.599×10^{-3}	2.672×10^{-4}		-7.778×10^{-3}	
TOT_{t-5}	3.484×10^{-3}	1.091×10^{-2}	8.611×10^{-3}		-9.204×10^{-4}	
TOT_{t-6}	1.196×10^{-2}	1.345×10^{-2}	8.819×10^{-3}		-8.968×10^{-3}	
TOT_{t-7}	1.232×10^{-2}	1.462×10^{-2}	1.188×10^{-2}		6.135×10^{-3}	
$POLICY_{t-1}$	9.731×10^{-2}	-9.125×10^{-3}	-0.142	0.162	-8.856×10^{-3}	
$POLICY_{t-2}$	-0.586	2.237×10^{-2}	0.612	4.081	1.264	
$POLICY_{t-3}$	1.405	1.092	0.481		0.499	
$POLICY_{t-4}$	-2.605^{**}	-2.644^{**}	-2.539^{**}		-1.346	
$POLICY_{t-5}$	1.388	1.288	1.373		-0.560	
$POLICY_{t-6}$	0.522	0.445	0.405		0.136	
CNY_week_{t-1}	1.156^{***}	1.140^{***}	1.161^{***}	2.154	0.575^{**}	
CNY_week_{t-2}	0.693^{***}	0.499^{**}	0.540^{**}	-0.585	0.372	
CNY_week_{t-3}	6.698×10^{-2}	0.127	0.115		-1.605×10^{-3}	
CNY_week_{t-4}	0.533^{**}	0.456^{**}	0.328		0.313	
ECM			-0.153^{***}		-0.174^{*}	
AR(1)						0.469
MA(1)						-0.134
AIC	249.266	277.455	271.787	266.057	338.362	327.624

***、**和*分别代表在 1%、5%和 10%的显著性水平下显著

从表 8-4 可以得到如下几个结论。

第一，通过比较 AIC 值发现，SEMI-ECM-MIDAS 较其他模型具有良好的拟合优势。这说明，人民币月度汇率的当前值与历史值之间存在很强的相关性，仅利用历史数据就可以在样本范围内得到较好的拟合模型。此外，相较于无约束的混频抽样模型，有约束的混频抽样模型的拟合优度明显优于前者，这是因为有约束的混频抽样模型中引入误差项后模型的待估参数变少，复杂度降低、AIC 值变小。两种同频模型较混频模型存在明显劣势，而不同混频模型间拟合效果则差异较小。因此，可近似认为半参数混频误差修正模型在样本内的拟合效果相较于传统同频模型以及传统混频模型更优。

第二，由表 8-4 可得，本章加入的误差修正机制较显著。ECM 与 ECM-U-MIDAS 模型中的误差修正项系数均为负值且显著，这意味着在这两种不同模型下都存在着有效的反向误差修正机制。根据实验结果，这种修正机制能够合理降低 AIC 值，改善拟合效果，同时对于存在协整关系的非平稳混频时间序列数据，误差修正项的进入也可达到上述目的。

第三，2015 年 "8·11" 汇改对人民币汇率走势具有显著影响，在 SEMI-ECM-MIDAS、U-MIDAS 与 ECM-U-MIDAS 中政策变量（POLICY）滞后 4 期系数在 5% 水平上显著为负，这说明 "8·11" 汇改对人民币汇率的升值起到 "降温" 作用，与历史文献中 "8·11" 汇改后人民币币值被低估的结论一致。美联储基金利率（FFR）在短期内并未对人民币汇率造成显著影响，原因或为中国施行较为严格的外汇管制，美国及其他外汇市场的变动不会直接作用于中国外汇市场。因此在短期内，美联储利率政策变化不会对人民币汇率产生显著的直接影响；在中长期范围内，美联储利率政策通过作用于国际投资者预期和国际贸易的经常项目对人民币对美元汇率逐步释放影响。

第四，贸易条件（TOT）的变化对汇率的影响效应乘数大多为正，说明贸易条件改善与人民币升值存在正相关关系，在样本期内贸易改善所产生的收入效应大于替代效应。

第五，滞后 1 期、2 期和 4 期的周汇率与当期月度汇率关系密切，系数显著为正，表明滞后 1 期、2 期和 4 期的周汇率数据对月度汇率的预测具有很强的指导意义。

8.3　参数回归模型函数形式的一致性检验

在模型的构建与估计部分，我们对包含 SEMI-ECM-MIDAS 在内的六种模型基于 AIC 建立了最优模型。在表 8-4 中如果以 AIC 作为模型拟合优劣的评价标准可以发现，本章使用的 SEMI-ECM-MIDAS 具有较小的 AIC 值，这在一定程度上表明该模型在此数据集中具有较优的拟合估计效果，但是基于 AIC 获得的这一结论并不能在统计意义上揭示使用 SEMI-ECM-MIDAS 的合理性。为进一步验证使用本章提出的 SEMI-ECM-MIDAS 设定的适当性，使用广义似然比检验统计量进行检验。同时，考虑本章中 ECM-MIDAS 和 MIDAS 两个参数模型之间存在嵌套关系，使用传统的似然比检验判断新加入的动态混频误差修正项在参数回归模型函数形式框架下是否可以显著提高模型的拟合程度。MIDAS（记为模型 1）、ECM-MIDAS（记为模型 2）和 SEMI-ECM-MIDAS（记为模型 3）基于似然比检验和广义似然比检验的具体检验结果如表 8-5 所示。

表 8-5　参数回归模型函数形式的一致性检验

假设检验	检验统计量	统计量值	p 值
H8-0：模型 1 和模型 2 拟合无差异	似然比检验	45.714	0.073
H8-1：模型 2 拟合优于模型 1			
H8-2：模型 2 和模型 3 拟合无差异	广义似然比检验	3.461	0.000
H8-3：模型 3 拟合优于模型 2			

8.4　人民币汇率预测

本章选择预测评价中常用的指标对模型进行预测精度比较，常用的指标有 RMSE 和 MAE，用以表明各期实际观察值与各期预测值的平均误差水平，绝对值越小说明预测效果越好。

在 8.2 节中，SEMI-ECM-MIDAS 在样本拟合中与其他模型相比具有较大优势。为进一步检验该模型在预测中能否同样具有最佳结果，本节对 SEMI-ECM-MIDAS 模型与其他五种模型在样本外数据进行连续一步预测，比较对一个季度、半年及一年内的汇率预测效果。为了避免因样本选择而产生人为误差，本节采用递归样本、滚动样本及固定样本进行连续一步预测，并根据预测样本规模以对一个季度的汇率走势进行连续预测。最后利用实际观测值与模型估计值计算 RMSE 和 MAE，汇总后的预测结果如表 8-6 所示。

从表 8-6 来看，SEMI-ECM-MIDAS 预测在 3、6 期中表现卓越，在 12 期中的预测效果趋于普通，主要原因为混频模型的准确性依赖于高频数据的实时更新，当预测期数扩大后，混频数据对趋势的捕捉能力下降，因此预测效果与其他模型趋同。

表 8-6 预测结果

| 预测模型 | 递归样本预测（×10⁻⁴） | | | | | |
| | $h=3$ | | $h=6$ | | $h=12$ | |
	RMSE	MAE	RMSE	MAE	RMSE	MAE
SEMI-ECM-MIDAS	0.295	0.284	0.411	0.297	0.771	0.645
U-MIDAS	0.437	0.382	0.747	0.605	0.781	0.641
ECM-U-MIDAS	0.471	0.439	0.785	0.693	0.846	0.698
R-MIDAS	0.327	0.269	0.685	0.593	0.974	0.837
ECM	0.392	0.346	0.822	0.662	1.678	1.250
ARIMA	0.626	0.584	1.214	0.924	1.844	1.267

| 预测模型 | 滚动样本预测（×10⁻⁴） | | | | | |
| | $h=3$ | | $h=6$ | | $h=12$ | |
	RMSE	MAE	RMSE	MAE	RMSE	MAE
SEMI-ECM-MIDAS	0.278	0.262	0.409	0.294	0.778	0.647
U-MIDAS	0.431	0.381	0.736	0.594	0.839	0.709
ECM-U-MIDAS	0.469	0.438	0.782	0.689	0.781	0.654
R-MIDAS	0.330	0.270	0.651	0.526	1.304	0.852
ECM	0.399	0.350	0.813	0.655	1.673	1.262
ARIMA	0.624	0.582	1.211	0.922	1.840	1.262

| 预测模型 | 固定样本预测（×10⁻⁴） | | | | | |
| | $h=3$ | | $h=6$ | | $h=12$ | |
	RMSE	MAE	RMSE	MAE	RMSE	MAE
SEMI-ECM-MIDAS	0.328	0.270	0.416	0.306	0.762	0.643
U-MIDAS	0.489	0.468	0.725	0.587	0.775	0.631
ECM-U-MIDAS	0.424	0.355	0.776	0.691	0.856	0.708
R-MIDAS	0.438	0.376	0.737	0.571	0.869	0.701
ECM	0.402	0.361	0.809	0.650	1.733	1.269
ARIMA	0.453	0.388	1.177	0.833	1.619	1.202

　　ARIMA 模型预测效果相对较差主要是因为仅依赖自身历史数据，且 ARIMA 模型本质上只能捕捉线性关系，对于非线性关系存在捕捉局限。人民币月度汇率数据是非稳定的，常常受政策和新闻的影响而波动。因此在该种数据类型下，ARIMA 模型无法体现其自身优势。SEMI-ECM-MIDAS 则是综合宏观和微观两方面信息对汇率做出预测，以上结果说明混频数据模型在汇率预测中相对于传统汇率模型具有优势。同时这也体现出混频数据模型在短期经济模型估计及预测上的显著优越性：第一，其能够充分利用不同频率的数据，兼顾低频数据的精确性以及高频数据的及时性，相较于传统模型，减少了对原始数据信息的隐藏或破坏，

从而增强对宏观监测的准确性；第二，它能够利用最新公布的高频金融数据补救低频宏观经济数据客观的时滞缺陷，提升宏观经济预报的时效性和短期预测的精确度。

整体来看，SEMI-ECM-MIDAS 的预测效果在短期预测中结果相对其他模型更加优秀，预测 3 期和 6 期的结果更加体现出 SEMI-ECM-MIDAS 的优越性，预测精度远高于其他模型。这也进一步表明，在进行短期即时预测时，本章使用的 SEMI-ECM-MIDAS 具有良好的应用前景。

8.5　主要结论与政策建议

本章以中国的月度宏观经济数据和周度的汇率数据为研究对象，利用 SEMI-ECM-MIDAS，对中国的美元对人民币月度汇率的预测做了深度研究。对数据的非平稳特性从多种形式中找到合适的协整关系构建误差修正模型，并与同频数据模型进行对比。

考虑到宏观经济变量具有明显的非线性特征，本章参照鲁万波和杨冬（2018）提出的一种允许误差修正项具有非线性形式的 SEMI-ECM-MIDAS 对人民币月度汇率影响因素进行估计预测，模拟结果表明由于将非线性误差修正项引入存在协整关系的 MIDAS，SEMI-ECM-MIDAS 对存在非线性误差修正机制的数据具有显著的预测优势，能够使得模型预测精准性提高，而且高频数据有更新快的特点，使得预测更加及时。

在实证过程中，主要有下几点结论。

第一，在实证研究中，本章引入我国非贸易品与贸易品的相对价格比、贸易条件以及美联储基准利率、"8·11"汇改政策虚拟变量以及高频金融数据对美元对人民币汇率月度数据的预测效果进行了研究，并与其他预测模型进行了比较。实证结果表明：美联储基准利率、"8·11"汇改政策虚拟变量和高频金融数据能够显著影响美元对人民币汇率。通过最优拟合模型可得，高频金融数据以及"8·11"汇改政策虚拟变量对美元对人民币汇率影响程度尤为明显。出现这一结果的原因有两个。其一因美元作为世界货币，其对于全球经济的引导作用能够对中国的贸易经常项目和资本流动施加影响，且我国的外汇储备主要是美元，美联储基准利率一定程度上能反映美元余缺，从而反映于美元对人民币汇率中。其二是中国"8·11"汇改政策将汇率市场化大幅推进，在汇改后人民币汇率的波动幅度加大，不可避免地增加市场风险，对投资者情绪甚至是金融市场造成一定的影响。高频数据滞后一期对汇率月度数据有显著影响，表明月度汇率有滞后效应，可以通过高频数据得出更为准确的预测。

第二，混频模型的预测精度普遍优于同频模型。对比本章选取的六种混频与同频模型，前者的预测能力相对于后者有所提升。对所有模型的样本内估计的 RMSE 进行比较后发现，混频模型在预测上的优势显著，其中本章着重应用的 SEMI-ECM-MIDAS 的效果最佳。这是由于同频数据需采用低频作为最终频率，长期内会损失大量的数据波动信息，从而降低预测精度。总而言之，模型对有效信息的利用方式能够在一定程度上决定预测能力的强弱，混频模型对不同频率数据的容纳程度决定了其预测能力通常强于同频模型。同时，预测结果可随高频信息的更新速度不断及时更新拟合及预测结果。

第三，实证结果表明，非贸易品与贸易品的相对价格比、贸易条件以及美联储基准利率、周汇率和人民币月度汇率之间协整关系的充分利用可以显著提高模型的预测能力。在构建参数误差修正模型时，误差修正项始终保持显著的反向修正机制。在进行连续预测时，无论选用递归、滚动还是固定样本，本章重点运用的 SEMI-ECM-MIDAS 具有极佳预测精度。同时，为保证实证结果的稳健性，本章进一步选取其他所有可供使用的动态混频协整关系进行建模验证，并对比相应的预测结果，发现本章选用的 SEMI-ECM-MIDAS 的预测精度并不会受到混频动态协整关系的影响。因此 SEMI-ECM-MIDAS 具有最小预测风险这一优点不再受混频动态协整关系的影响。

混频误差修正模型在宏观经济领域具有广阔的应用前景，其具有克服混频时间序列不平稳而避免伪回归的显著优势，能够充分利用各频率市场信息，提升对宏观经济预判的准确性。本章使用的 SEMI-ECM-MIDAS 进一步丰富和完善了混频模型在人民币月度汇率预测中的应用研究。基于本章的理论探究，我们量化了人民币汇率的重要影响因素的影响力大小。人民币汇率受中国宏观经济基本面与美国相关政策的共同影响，中国宏观经济的走强有利于人民币汇率恢复稳定状态。

第 ◀ 9 ▶ 章

基于混频向量自回归模型的中国
宏观经济变量数量分析

本章的主要研究对象是 MF-VAR 模型以及中国重要宏观经济变量，具体研究为用五个重要宏观经济变量构造混频向量引入混频数据模型中，构建混频向量自回归模型，进一步运用时间序列分析技术对模型进行分析，检验线性参数混频向量自回归模型是否能很好地预测国内生产总值。混频向量自回归模型充分利用原始数据所包含的信息，避免了数据处理为同频数据后的信息损失，对提高预测精度具有重要意义。

9.1　混频向量自回归模型

中国宏观经济增长的影响因素众多，不同因素的影响程度差异较大。人们最关注的 GDP 常用支出法进行核算，也就是说消费、投资和净出口是影响宏观经济的重要因素。本章综合考虑国内外主要影响因素，包含实际 GDP 同比增长率（记为 GDP）季度数据、固定资产投资（记为 GDZC）季度数据、第三产业产值（记为 INDUS）季度数据、消费价格指数（记为 CPI）月度数据以及美元对人民币名义汇率平均值（记为 ER）月度数据作为混频变量，所有数据均来自 CEIC 数据库、万德数据库和国家统计局。为降低数据波动程度，本书对 GDZC、CPI 和 INDUS 取对数，记为 lnGDZC、lnCPI 和 lnINDUS。

传统 VAR 模型要求所有变量的频率一致，人们往往会使用插值法将低频数据处理为与高频数据同频的数据，还有采用加总法或替代法将高频数据处理为低频数据。人们普遍认为用插值法获得的高频数据在一定程度上有人为构造的嫌疑，在实际研究中需要谨慎使用该方法。加总法或替代法降频会导致原始高频数据中信息损失，掩盖了高频数据的波动，在一定程度上人为地减少了样本信息，从而在预测精度方面产生负面影响。

本章运用 Ghysels（2016）提出的 MF-VAR 模型，该模型的基本思想是将高频变量在一个低频时间间隔内的多个观测值作为新变量，将一个维数较低的混频模型转化为维数较高的低频模型。这样做的好处是最大限度地保留了原始数据的信息，可以直接用 OLS 估计，降低估计难度，提高预测精度。但是也存在一定缺陷，当变量频率差异较大时，模型会陷入维数灾难。

假设 $x_L(\tau_L)$ 为 1 个低频变量，$x_H(\tau_L,k)$ 为 1 个高频变量，$\underline{\varepsilon}(\tau_L)$ 为随机扰动项向量。其中，$\tau_L \in (0,1,\cdots,T_L)$ 是低频时间标志，P 为低频变量滞后阶数，$k \in (1,2,\cdots,m)$ 是高频时间标志，m 是两个低频数据观测点间高频变量的观测次数，MF-VAR 模型如式（9.1）所示：

$$
\begin{bmatrix} x_H(\tau_L,1) \\ x_H(\tau_L,2) \\ \vdots \\ x_L(\tau_L) \end{bmatrix} = A_0 + \sum_{j=1}^{P} A_j \begin{bmatrix} x_H(\tau_{L-j},1) \\ x_H(\tau_{L-j},2) \\ \vdots \\ x_L(\tau_{L-j}) \end{bmatrix} + \underline{\varepsilon}(\tau_L) \tag{9.1}
$$

式（9.1）也可以写作更加简洁的形式：

$$
\mathbb{A}(\mathcal{L}_L)\big(\underline{x}(\tau_L) - \mu_{\underline{x}}\big) = \underline{\varepsilon}(\tau_L)
$$

其中，$\underline{x}(\tau_L) = \begin{bmatrix} x_H(\tau_L,1) \\ x_H(\tau_L,2) \\ \vdots \\ x_L(\tau_L) \end{bmatrix}$；$\mathcal{L}_L$ 为低频变量的滞后系数，$\mathcal{L}_L \underline{x}(\tau_L) = \underline{x}(\tau_L - 1)$；

$\mathbb{A}(\mathcal{L}_L) = I - \sum_{j=1}^{P} A_j \mathcal{L}_L^j$；$\mu_{\underline{x}} = \big(I - \sum_{j=1}^{P} A_j\big)^{-1} A_0$，$I$ 为单位矩阵，A_0 与 $A_j(j=1,2,\cdots,P)$ 为对应变量的系数矩阵。

9.2　描述统计与相关检验

9.2.1　描述性统计

GDP、GDZC 以及 INDUS 为季度数据，CPI 和 ER 为月度数据。由变量的描述性统计可知，GDP 的均值为 9.11%，中位数为 7.90%，存在正的偏度，最小值为 6.40%，最大值为 15.00%。GDZC 在样本区间内变动较大，其范围为–1.13%～38.11%，存在负偏度。INDUS 的均值和中位数十分接近，分别为 109.90% 和 108.80%，偏度较小，而且从最大值和最小值可以看出，INDUS 的历史极差较小。CPI 的均值为 102.60%，中位数为 102.10%，存在正偏度且偏度较小，波动范围在 98.20%～108.70%，大部分时间处于温和的通货膨胀区间。ER 的均值和中位数分别为 6.83% 和 6.74%，存在较小正偏度，最大值为 8.28%，最小值为 6.10%，波动幅度较小，汇率比较平稳。为对数据有更加直观的了解，表 9-1 给出了相关变量的描述性统计结果。

表 9-1　描述性统计结果

变量	样本容量	均值/%	中位数/%	最大值/%	最小值/%	标准差/%	偏度	峰度
GDP	57	9.11	7.90	15.00	6.40	2.47	0.74	2.22
GDZC	57	17.04	19.09	38.11	−1.13	9.47	−0.20	2.65
INDUS	57	109.90	108.80	117.30	107.00	2.57	1.30	3.73
CPI	171	102.60	102.10	108.70	98.20	1.95	0.84	4.14
ER	171	6.83	6.74	8.28	6.10	0.63	0.95	2.77

图 9-1 和图 9-2 分别绘制了季度指标和月度指标的时间序列趋势图。实际 GDP 同比增长率同第三产业产值季度同比值、固定资产投资同比增长率和消费价格指数有密切关系，但与美元对人民币名义汇率月度均值没有明显协同变化趋势。实际 GDP 同比增长率、固定资产投资同比增长率、第三产业产值季度同比值、消费价格指数间的波动趋势基本趋于一致，且大部分时间内固定资产投资同比增长率先于实际 GDP 同比增长率、第三产业产值季度同比值变动，实际 GDP 同比增长率、第三产业产值季度同比值先于消费价格指数变动。美元对人民币名义汇率月度均值与其他变量协同变动水平较弱，但样本期内总体变动趋势具有一定的一致性。

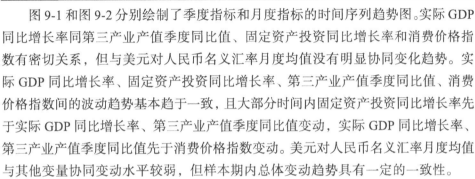

图 9-1　季度变量趋势图

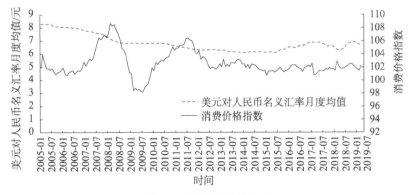

图 9-2　月度变量趋势图

9.2.2 平稳性检验

由于协整关系针对非平稳性数据，在进行模型构建之前我们需要对数据进行平稳性检验。由于使用了两种频率的数据，本章考虑将 lnCPI 和 ER 每个季度第 1 个月、第 2 个月、第 3 个月的数据作为季度数据的替代变量进行平稳性检验，分别用 lnCPI_1、lnCPI_2 和 lnCPI_3 以及 ER_1、ER_2 和 ER_3 表示。表 9-2 给出了 ADF 检验结果。

表 9-2　ADF 检验结果

变量	检验形式	统计量	5%临界值	结论
GDP	（C,0,3）	−1.71	−2.89	不平稳
ΔGDP	（0,0,2）	−4.88	−1.95	平稳
lnGDZC	（C,0,4）	−0.39	−2.89	不平稳
ΔlnGDZC	（0,0,3）	−5.06	−1.95	平稳
lnINDUS	（C,0,5）	−1.57	−2.89	不平稳
ΔlnINDUS	（0,0,4）	−3.99	−1.95	平稳
ER_1	（C,0,1）	−2.65	−2.89	不平稳
ΔER_1	（0,0,1）	−4.16	−1.95	平稳
ER_2	（C,0,2）	−2.80	−2.89	不平稳
ΔER_2	（0,0,1）	−4.29	−1.95	平稳
ER_3	（C,0,1）	−2.86	−2.89	不平稳
ΔER_3	（0,0,1）	−3.91	−1.95	平稳
lnCPI_1	（C,1,4）	−3.61	−3.45	平稳
lnCPI_2	（C,1,5）	−3.76	−3.45	平稳
lnCPI_3	（C,1,5）	−4.54	−3.45	平稳

注：对于 ADF 检验法，检验形式中的（C,T,L）分别表示常数项、时间趋势项及滞后阶数，最优滞后阶数使用 BIC 选取

由表 9-2 结果可知，季度 GDP、季度 lnGDZC、季度 lnINDUS 和季度 ER 原序列为不平稳序列，经过一阶差分后序列平稳，因此为一阶单整序列。季度 lnCPI 序列 ADF 检验统计量与 5%显著性水平下的临界值较为接近。由此，本章对所有序列进行差分处理后构建 MF-VAR 模型。

9.3　模型的构建与估计

9.3.1　模型构建

本章建立了 MF-VAR 模型，用于研究宏观经济增长与消费、投资以及净出口间的数量关系。MF-VAR 模型可直接使用 OLS 进行估计，其优点在于估计过程简单，缺点是当模型中包含较多的变量及变量的滞后项时，模型中待估参数过多，

在样本有限的情况下可能会面临估计误差较大甚至自由度不足的问题。本章数据选取区间为 2005 年 1 月至 2019 年 3 月，共 57 个季度，171 个月。所有数据来自 CEIC 数据库、万德数据库和国家统计局。然后使用 2005 年第 1 季度至 2018 年第 1 季度 53 个样本作为训练集，剩余 2018 年第 2 季度至 2019 年第 1 季度 4 个样本作为测试集，以检验模型的预测能力。如表 9-3 所示，AIC、HQ（Hannan-Quinn，汉南–奎因）准则、SC（Schwarz criterion，施瓦兹准则）和 FPE（final prediction error，最终预测误差）准则确定的 MF-VAR 模型最优滞后阶数为 3。

表 9-3　MF-VAR 模型最优滞后阶数选择

滞后阶数	AIC	HQ	SC	FPE
1	−33.00	−32.49	−31.65	$4.69×10^{-15}$
2	−33.30	−32.42	−30.99	$3.62×10^{-15}$
3	−33.42	−32.18	−30.14	$3.54×10^{-15}$

为了对模型参数显著性及估计结果有更直观的了解，本章将模型参数估计值以及显著性汇总于表 9-4 中。

表 9-4　模型参数估计值以及显著性

参数	估计值	标准差	t 统计量	p 值
GDP_{t-1}	0.2874	0.2430	1.18	0.25
$\ln GDZC_{t-1}$	20.5547***	4.8293	4.26	0.00
$\ln INDUS_{t-1}$	−0.0583	0.1115	−0.52	0.61
ER_3_{t-1}	−0.6725	3.4146	−0.20	0.85
ER_2_{t-1}	1.1178	5.8323	0.19	0.85
ER_1_{t-1}	−3.6068	4.5103	−0.80	0.43
$\ln CPI\_3_{t-1}$	79.6749***	23.0762	3.45	0.00
$\ln CPI\_2_{t-1}$	−42.0307*	21.6264	−1.94	0.06
$\ln CPI\_1_{t-1}$	−1.1889	26.7841	−0.04	0.96
GDP_{t-2}	−0.3495	0.2144	−1.63	0.12
$\ln GDZC_{t-2}$	−15.6776**	6.2377	−2.51	0.02
$\ln INDUS_{t-2}$	0.1378	0.1255	1.10	0.28
ER_3_{t-2}	4.1889	5.0533	0.83	0.41
ER_2_{t-2}	−1.9253	5.6130	−0.34	0.73
ER_1_{t-2}	−0.3544	4.1658	−0.09	0.93
$\ln CPI\_3_{t-2}$	46.8496	31.6698	1.48	0.15
$\ln CPI\_2_{t-2}$	−46.4378*	24.6999	−1.88	0.07

续表

参数	估计值	标准差	t 统计量	p 值
$\ln CPI\_1_{t-2}$	-87.4147^{***}	25.3506	-3.45	0.00
GDP_{t-3}	0.3094^{*}	0.1677	1.85	0.08
$\ln GDZC_{t-3}$	3.6659	4.3518	0.84	0.41
$\ln INDUS_{t-3}$	-0.0607	0.1070	-0.57	0.58
ER_3_{t-3}	10.4495	6.4276	1.63	0.12
ER_2_{t-3}	-15.8387^{**}	7.2063	-2.20	0.04
ER_1_{t-3}	8.3859^{***}	2.8360	2.96	0.01
$\ln CPI\_3_{t-3}$	69.5195^{*}	33.9589	2.05	0.05
$\ln CPI\_2_{t-3}$	-51.9997^{**}	24.1205	-2.16	0.04
$\ln CPI\_1_{t-3}$	21.4719	15.1315	1.42	0.17
截距项	5.5858	60.8569	0.09	0.93

***、**、*分别代表在 1%、5%和 10%水平下显著

由于经济具有惯性且有些变量具有记忆性，下一期的指标会受前几期指标的影响，因此模型中引入了经济变量的滞后项。根据估计结果分析，固定资产投资季度增长是一个重要解释变量，其滞后期的数值会对当期宏观经济指标产生影响，且这种影响既有正向也有负向。在滞后 1 期时这种影响是正向的，滞后 2 期这种影响转为负向。固定资产投资增加会相应带来产出的增长，必然会促进实际 GDP 同比增长率的增长。另外，季度消费价格指数对实际 GDP 同比增长率的影响较为显著，但此类影响方向未呈现一致性，为进一步说明 MF-VAR 建模的合理性，对模型进行单位根检验，结果表明模型中包含的九个宏观经济变量均位于单位圆内，模型稳定，进一步进行方差分解分析和脉冲响应分析。

9.3.2　方差分解分析

方差分解将 MF-VAR 模型中各个变量的方差随机分解在各随机扰动项中，分析不同内生变量对整体结构造成冲击的程度。本节主要研究实际 GDP 同比增长率季度数据、固定资产投资同比增长率季度数据、第三产业产值同比增长率季度数据以及从消费价格指数月度数据中提取的三个季度数据和从美元对人民币名义汇率平均值月度数据中提取的三个季度数据对实际 GDP 同比增长率变动的解释水平及其随时间变化的趋势。从图 9-3 方差分解结果来看，首先，实际 GDP 同比增长率的波动对自身的解释程度最大，并且随着滞后期的增加，解释能力逐渐降低，第 5 期之后解释能力下降至 0.5 以下，体现了实际 GDP 同比增长率的短增长对未来 GDP 的增长有正面作用但长期失效。其次，第三产业产值同比增长率的波动在一定程度上解释了实际 GDP 同比增长率的变动，值得注意的是，这种解释能力随

着期数的增加而增加，由此可以说明第三产业产值同比增长率对实际 GDP 同比增长率的影响是长期有效的，这种影响会随时间持续增强。最后，从月度消费价格指数中提取的三个季度变量各自的波动很大程度上分别为实际 GDP 同比增长率的波动做出了贡献，并随着滞后期的增加，个别时期消费价格指数总体所占比重有所下降。因此，消费价格指数对实际 GDP 同比增长率的波动具有重要影响，但这种影响呈减少趋势。此外，固定资产投资同比增长率变动对实际 GDP 同比增长率的影响有限，美元对人民币名义汇率平均值对实际 GDP 同比增长率的解释能力逐步增强。

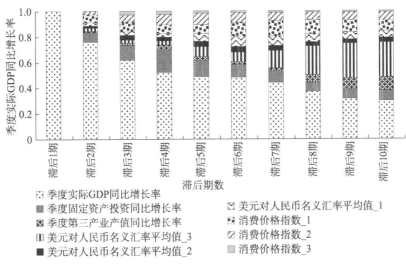

图 9-3　方差分解图

9.3.3　脉冲响应分析

脉冲响应函数指的是 VAR 模型中的一个内生变量给残差带来的影响的反应，即冲击施加在随机误差项后对内生变量的现值和未来值产生的动态影响。脉冲响应分析与方差分解分析是相辅相成的，可以直观地体现变量间相互影响的大小和方向。如图 9-4 至图 9-12 所示，虚线为脉冲响应函数的两个标准差范围，实线为脉冲响应函数。根据图 9-4 可知，实际 GDP 同比增长率对来自自身的冲击有持续 2 期的正响应，响应程度是递减的，至第 3 期递减为负响应，第 8 期以后又变为正响应，并在第 14 期后逐渐收敛至零。实际 GDP 同比增长率对来自 INDUS 冲击的反应路径与来自自身的反应路径相似程度极高，在正响应持续 2 期后，第 3 期时转为负响应，负响应持续 5 期后又有持续 7 期的正响应，在第 14 期之后收敛至零附近。同时，来自消费价格指数的冲击对实际 GDP 同比增长率影响较小，作用方向先为正后为负，绝对值在第 7 期达到最大值，并在之后震荡缩窄趋向于零。

由图 9-5 至图 9-12 可以看出，消费价格指数、美元对人民币名义汇率平均值、固定资产投资同比增长率、第三产业产值同比增长率受实际 GDP 同比增长率冲击的影响明显，与方差分解分析的结论一致。

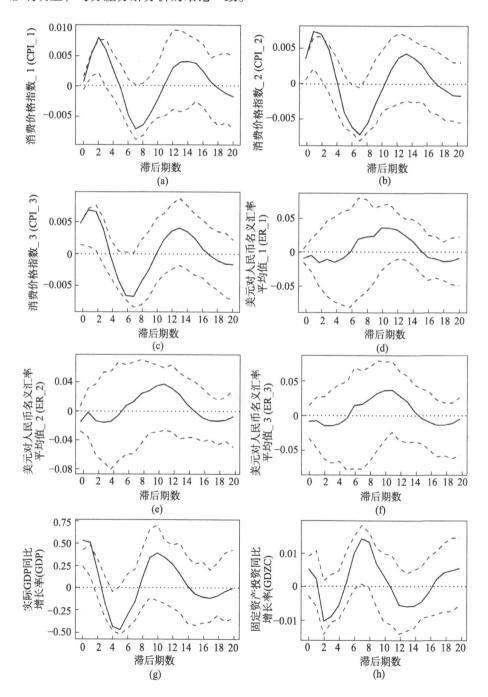

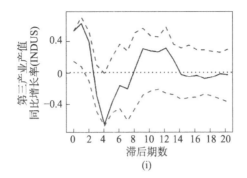

(i)

图 9-4　实际 GDP 同比增长率对各变量脉冲响应分析图

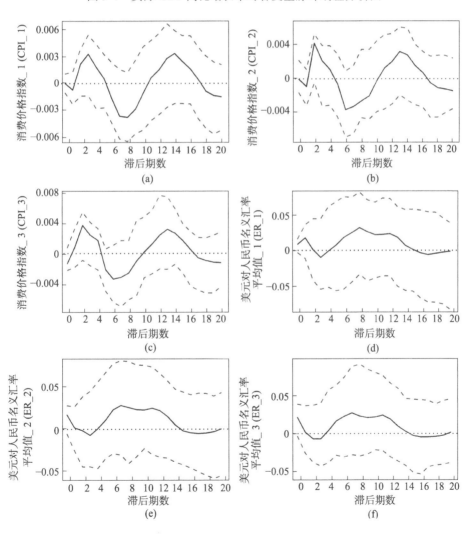

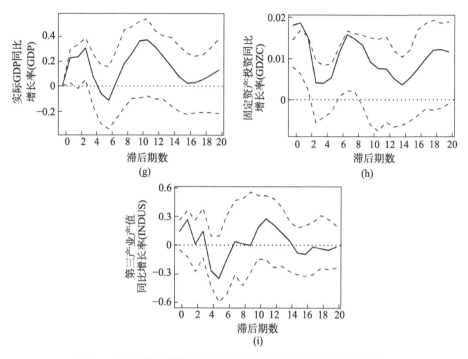

图 9-5　固定资产投资同比增长率对各变量脉冲响应分析图

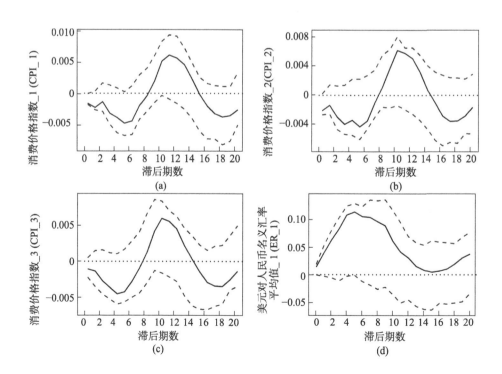

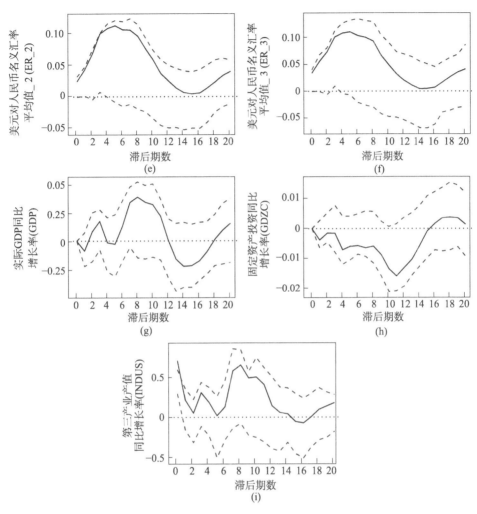

图 9-6　第三产业产值同比增长率对各变量脉冲响应分析图

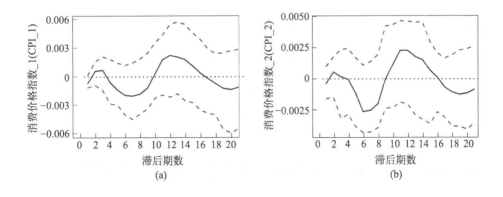

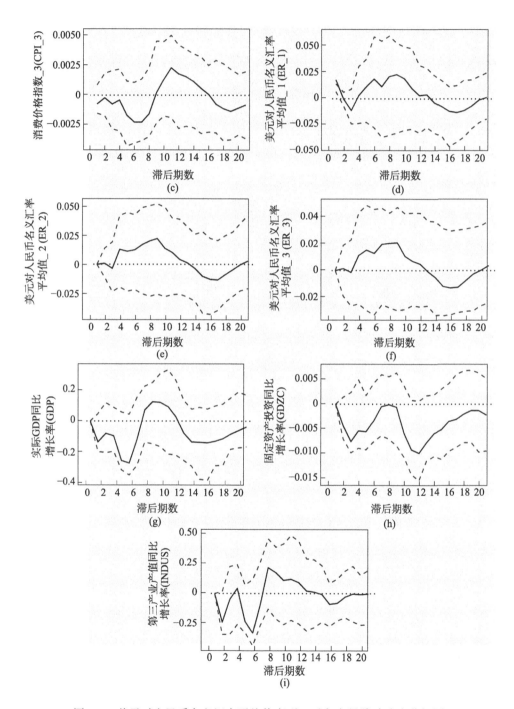

图 9-7　美元对人民币名义汇率平均值序列 1 对各变量脉冲响应分析图

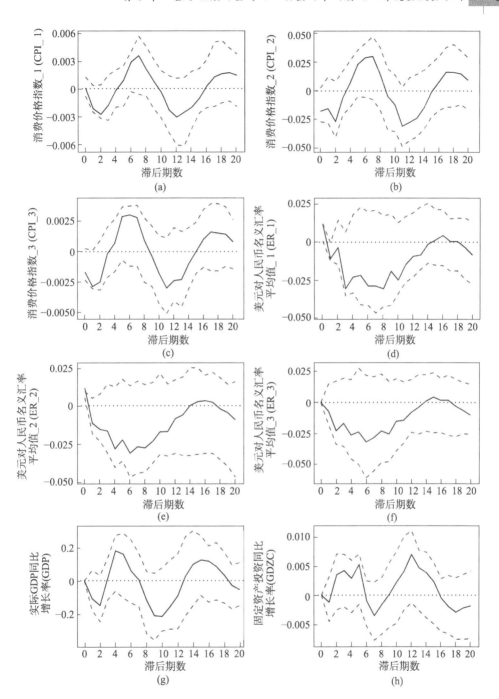

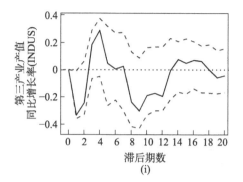

图 9-8　美元对人民币名义汇率平均值序列 2 对各变量脉冲响应分析图

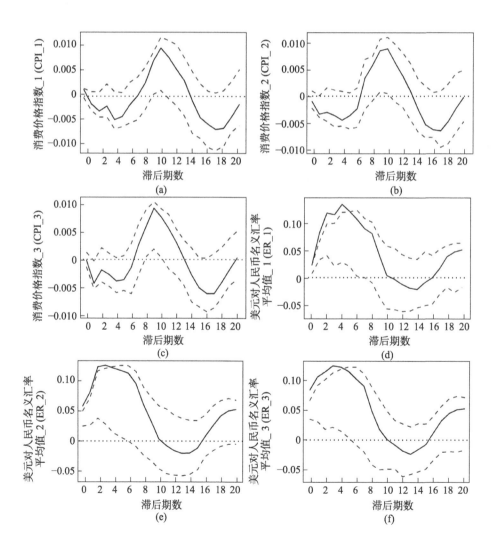

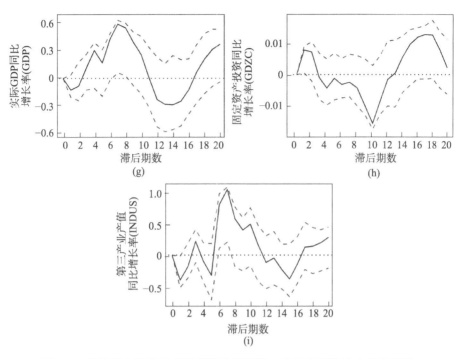

图 9-9　美元对人民币名义汇率平均值序列 3 对各变量脉冲响应分析图

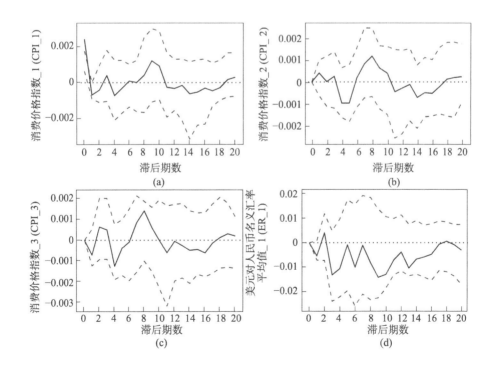

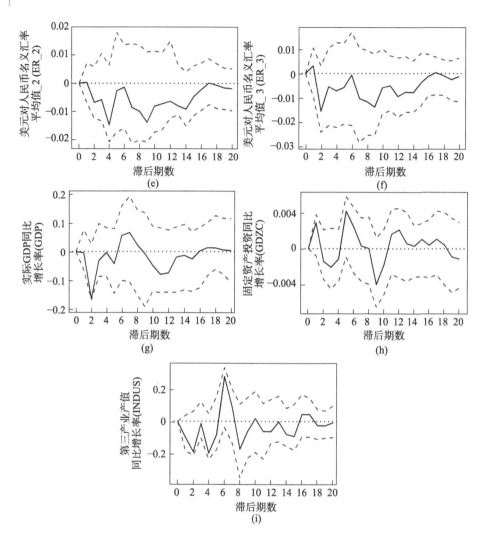

图 9-10 消费价格指数序列 1 对各变量脉冲响应分析图

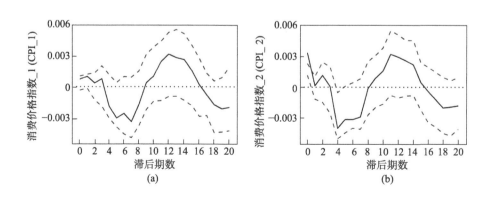

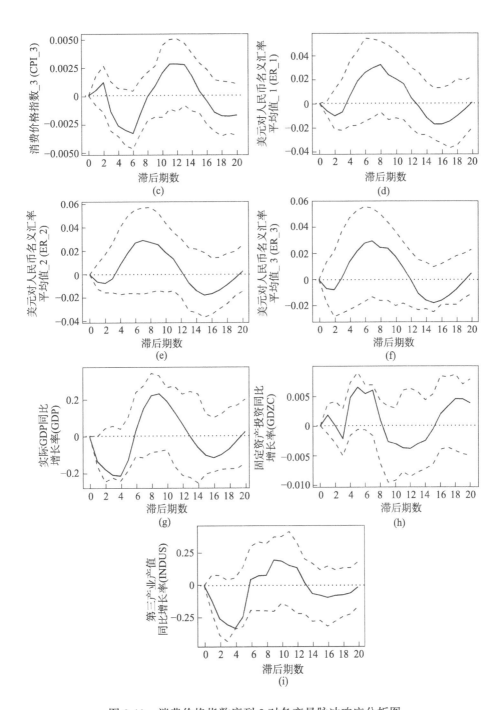

图 9-11　消费价格指数序列 2 对各变量脉冲响应分析图

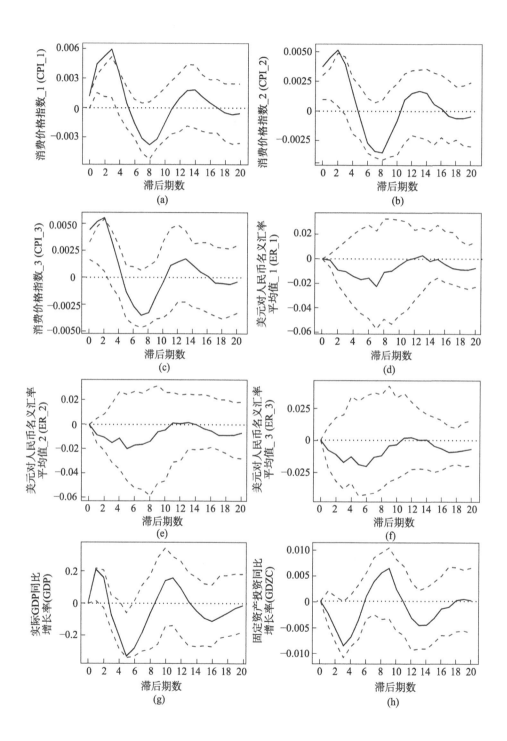

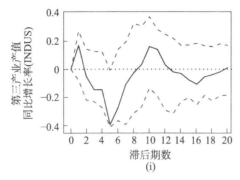

图 9-12　消费价格指数序列 3 对各变量脉冲响应分析图

9.4　基于混频向量自回归模型
对中国重要宏观经济变量的预测

本章预测样本的时间跨度为 4 个季度，其中 h 代表训练集外预测的季度数，如当 $h=2$ 时，代表预测样本外 2 个季度的指标值。为避免样本选择对预测结果产生影响，本章分别采用固定样本、滚动样本和递归样本进行向前一步预测，分别连续估计 1 期、2 期、3 期和 4 期的预测值，得到表 9-5。首先，表 9-5 中滚动样本模型的 RMSE 和 MAE 在预测期分别为 2、3、4 时都明显小于固定样本模型和递归样本模型，说明滚动样本模型拥有最好的预测效果。其次，分析各个样本下随着预测期数变化模型预测能力的变化，对于固定样本模型和滚动样本模型来说，它的 RMSE 和 MAE 都是随着预测期数增加而减小的，说明该模型适用于长期预测，在短期预测中表现不好。由于预测期数较少，未能从递归样本模型的 RMSE 和 MAE 预测中发现明显规律。

表 9-5　GDP_t 预测效果

预测变量	固定样本预测							
	$h=1$		$h=2$		$h=3$		$h=4$	
	RMSE	MAE	RMSE	MAE	RMSE	MAE	RMSE	MAE
GDP	0.9335	0.9335	0.8207	0.5803	0.6158	0.3555	0.2212	0.1106
预测变量	滚动样本预测							
	$h=1$		$h=2$		$h=3$		$h=4$	
	RMSE	MAE	RMSE	MAE	RMSE	MAE	RMSE	MAE
GDP	0.9335	0.9335	0.7361	0.5205	0.1489	0.0859	0.1404	0.0702
预测变量	递归样本预测							
	$h=1$		$h=2$		$h=3$		$h=4$	
	RMSE	MAE	RMSE	MAE	RMSE	MAE	RMSE	MAE
GDP	0.9335	0.9335	1.6857	1.1919	0.3164	0.1827	1.0419	0.5210

9.5 主要结论与政策建议

宏观经济指标变化趋势反映一国的经济运行状况，通过对宏观经济变量进行精确预测可以提前布局宏观政策，促进宏观经济平稳有序运行。本章以中国宏观经济变量为研究对象，建立 MF-VAR 模型，研究了中国宏观经济指标间的动态变化关系，并对 GDP 进行了样本外预测。基于实证分析，本章得出以下主要结论。

第一，在研究中通过描述性分析、模型估计研究了 GDP 与其他宏观经济变量的数量关系。结果表明：季度 GDP 同时受第三产业产值、固定资产投资和消费价格指数的影响，其中，消费价格指数是月度指数。在这些影响因素中，第三产业产值对 GDP 的影响更大，这主要是由于中国正在进行产业结构升级，大力发展第三产业。固定资产投资也会正向促进 GDP 的增长，但这种正向促进会在滞后 2 期后转为反向抑制。消费价格指数反映的是通货膨胀水平，消费价格指数的变动一般在 GDP 和第三产业产值变化后发生，这是因为宏观经济增长总是会带来一定程度的通货膨胀，本章研究得出的结论是宏观经济的通货膨胀程度处于合理区间，是比较温和的通货膨胀。月度数据滞后 1 期对季度 GDP 也有显著影响，这说明高频数据具有滞后效应，可以通过高频数据得到更为准确的预测。

第二，通过对所构建的模型进行稳定性检验、方差分解分析和脉冲响应分析，我们可以得出结论：本章构建的 MF-VAR 模型单位根都落入单位圆内，模型稳定。方差分解的结果与描述性统计一致，GDP 增长大部分来自固定资产投资、第三产业产值和消费价格指数，美元对人民币汇率则与 GDP 增长关系不显著。脉冲响应分析告诉我们第三产业产值滞后数据对 GDP 的影响与 GDP 滞后项对自身的影响路径一致，这种影响是长期的，在 14 期之后才会趋于稳定。

第三，混频模型同时包含了季度数据和月度数据，同时观测到高频数据和低频数据的数量关系，避免了由于传统同频 VAR 模型对高频信息忽略造成的模型预测精度降低和脉冲响应分析误差较大等问题。但是由于本章所建立的模型中指标数量较多，进行同频化处理后再加上滞后项的产生，待估参数数量远大于变量数量，这给模型估计带来了不便之处，参数估计效果并不理想。本章还用估计出的模型进行了样本外固定样本预测、滚动样本预测和递归样本预测，结果显示固定样本预测和滚动样本预测都更适用于长期预测，在短期预测中效果不好，而递归样本预测则无明显规律。

总之，混频 VAR 模型虽然可以同时引入高频指标和低频指标，避免损失高频信息，但是该模型由于频率差的存在会产生大量待估参数，造成维数灾难，影响模型准确度，掩盖变量间真正的数量关系，导致预测精度降低。因此，用混频 VAR 模型预测宏观经济指标，根据预测结果做出政策布局的做法可行性不高。

第 ‹ 10 › 章

基于混频向量误差修正模型的
中国宏观经济变量数量分析

10.1　混频向量误差修正模型

Ghysels（2016）提出了平稳混频数据 VAR 建模方法，若想利用非平稳混频序列建模，则需要寻找混频数据序列间的长期均衡关系。基于上述建模思路，Götz 等（2013）基于 VECM 结合混频数据提出 MF-VECM。MF-VECM 能够直接对混频数据建模，避免由数据加总降频或插值导致数据信息损失或人为信息虚增，使得该模型在估计方面更加有效。该模型的假设前提为混频数据天然存在两类序列特征：一类是一阶单整的高频变量序列的一阶差分序列为平稳序列；另一类是高频变量与低频数据间存在长期均衡关系。由于宏观经济变量间往往存在复杂的相关关系，因此有必要采用 MF-VECM 考察多个低频、高频变量间的协同变化关系，同时也可以对变量进行预测。

本节选取中国宏观经济的五个重要方面的指标进行研究，分别是国内生产总值、固定资产投资、产业结构、人民币汇率以及消费价格指数。各指标来源与处理方法均与前文一致。具体来说，衡量国内生产总值的指标为其季度对数同比增长率，衡量固定资产投资的指标为实际固定资产投资季度值同比增长率，衡量产业结构的指标为第三产业产值的季度同比指标，衡量人民币汇率变化的指标为美元对人民币名义汇率平均值月度数据，衡量消费价格指数的指标为消费价格指数月度值。样本时间跨度为 2005 年第 1 季度到 2019 年第 1 季度共 57 个季度数据与171 个月度数据。

Götz 等（2013）提出，根据一个 MF-VAR(p)阶模型

$$Z_t = \Gamma_1 Z_{t-1} + \cdots + \Gamma_p Z_{t-p} u_t \tag{10.1}$$

若 Z_t 中的变量均为非平稳的一阶单整序列并且存在协整关系，则式（10.1）

通过等价变换可以得到式（10.2）

$$\Delta Z_t = \tilde{\Gamma}_1 \Delta Z_{t-1} + \cdots + \tilde{\Gamma}_{p-1} \Delta Z_{t-p+1} + \Pi Z_{t-1} + \varepsilon_t \tag{10.2}$$

其中，$\tilde{\Gamma}_i = -\sum_{k=i+1}^{p} \Gamma_k, i = 1, 2, \cdots, p-1$；$\Pi$ 可以分解为 $\Pi = -\left(I - \sum_{j=1}^{p} \Gamma_j\right) = \alpha\beta^{\mathrm{T}}$，$\beta$ 为协整关系矩阵。

由于本章是基于中国季度与月度时间序列数据的实证分析，Z_t 中包含的变量见式（10.3）

$$Z_t = \left(\mathrm{GDP}_t, \ln \mathrm{GDZC}_t, \ln \mathrm{INDUS}_t, \mathrm{ER}_t^{(3)}, \mathrm{ER}_{t-\frac{1}{3}}^{(3)}, \mathrm{ER}_{t-\frac{2}{3}}^{(3)}, \ln \mathrm{CPI}_t^{(3)}, \ln \mathrm{CPI}_{t-\frac{1}{3}}^{(3)}, \ln \mathrm{CPI}_{t-\frac{2}{3}}^{(3)} \right) \tag{10.3}$$

其中，GDP 为国内生产总值季度对数同比增长率；GDZC 为实际固定资产投资季度值同比增长率；INDUS 为第三产业产值的季度同比指标；ER 为美元对人民币名义汇率平均值月度数据；CPI 为消费价格指数月度值。

10.2　混频向量误差修正模型的构建与估计

由 9.2.2 节可知，Z_t 中季度 GDP、季度 lnGDZC、季度 lnINDUS、季度 ER 均为一阶单整序列，为构建混频向量误差修正模型，本节进一步检验序列之间的协整关系。由于月度 ER_t 与 $\ln \mathrm{CPI}_t$ 均为一阶单整序列，因此变量矩阵 Z_{t-1} 自带了部分协整关系，即对于协整矩阵 β，有

$$\beta^{\mathrm{T}} = \begin{pmatrix} 0 & 0 & 0 & 1 & -1 & 0 & 0 & 0 & 0 \\ 0 & 0 & 0 & 0 & 1 & -1 & 0 & 0 & 0 \\ 0 & 0 & 0 & 0 & 0 & 0 & 1 & -1 & 0 \\ 0 & 0 & 0 & 0 & 0 & 0 & 0 & 1 & -1 \end{pmatrix} \tag{10.4}$$

对于 MF-VECM 来说，所有变量的动态混频协整关系不具有唯一性，本章选择对如下误差修正形式进行分析。

$$\mathrm{GDP}_{t-1} - \gamma_1 \ln \mathrm{GDZC}_{t-1} - \gamma_2 \ln \mathrm{INDUS}_{t-1} - \gamma_3 \mathrm{ER}_{t-1}^{(3)} - \gamma_4 \ln \mathrm{CPI}_{t-1}^{(3)} \tag{10.5}$$

为检验所选择的误差修正项是否具有协整关系，同时使用 Johansen 迹检验与 Johansen 最大特征根检验对该误差修正形式进行检验，具体检验结果如表 10-1 所示。

表 10-1　协整检验结果

检验种类	假设协整方程数	统计量	1%临界值
Johansen 迹检验	0	99.90	84.45
	1	54.33	60.16
Johansen 最大特征根检验	0	45.57	39.79
	1	25.06	33.24

协整检验结果显示，该误差修正形式在 1%的显著水平下有一个协整关系，再使用最大似然法估计该误差修正形式中的参数，得到更新后的协整矩阵 β 如下：

$$\beta^{\mathrm{T}} = \begin{pmatrix} 1 & -8.754 & -37.119 & -1.175 & 0 & 0 & -59.878 & 0 & 0 \\ 0 & 0 & 0 & 1 & -1 & 0 & 0 & 0 & 0 \\ 0 & 0 & 0 & 0 & 1 & -1 & 0 & 0 & 0 \\ 0 & 0 & 0 & 0 & 0 & 0 & 1 & -1 & 0 \\ 0 & 0 & 0 & 0 & 0 & 0 & 0 & 1 & -1 \end{pmatrix} \quad (10.6)$$

在建立混频向量误差修正模型之前，需要先确定模型的滞后阶数，本章通过 MF-VECM(p)所对应的 MF-VAR($p+1$)，先确定 MF-VAR 的滞后阶数，在此基础上减少 1 阶得到 MF-VECM 的滞后阶数。由 9.3 节可知，MF-VAR 的滞后阶数为 3，因此本节构建的 MF-VECM 的滞后阶数为 2。

在通过 Johansen 协整检验并确定了模型的滞后阶数之后，将 β 代入式（10.2）得

$$\mathrm{ecm}_{t-1} = (\mathrm{ecm}_{t-1}^1, \mathrm{ecm}_{t-1}^2, \mathrm{ecm}_{t-1}^3, \mathrm{ecm}_{t-1}^4, \mathrm{ecm}_{t-1}^5)^{\mathrm{T}} = \beta^{\mathrm{T}} Z_{t-1} \quad (10.7)$$

$$\Delta Z_t = \tilde{\Gamma}_1 \Delta Z_{t-1} + \tilde{\Gamma}_2 \Delta Z_{t-2} + \alpha \mathrm{ecm}_{t-1} + \varepsilon_t \quad (10.8)$$

使用最大似然法对式（10.8）进行估计，结果如表 10-2 所示。

表 10-2　MF-VECM 结果

变量	$\Delta \mathrm{GDP}_t$	$\Delta \ln \mathrm{GDZC}_t$	$\Delta \ln \mathrm{INDUS}_t$	$\Delta \mathrm{ER}_t^{(3)}$	$\Delta \mathrm{ER}_{t-\frac{1}{3}}^{(3)}$	$\Delta \mathrm{ER}_{t-\frac{2}{3}}^{(3)}$	$\Delta \ln \mathrm{CPI}_t^{(3)}$	$\Delta \ln \mathrm{CPI}_{t-\frac{1}{3}}^{(3)}$	$\Delta \ln \mathrm{CPI}_{t-\frac{2}{3}}^{(3)}$
ecm_{t-1}^1	0.20	0.00	0.00	−0.01	0.00	0.00	0.01**	0.01**	0.00
ecm_{t-1}^2	19.93*	−0.23	0.26*	2.10	3.87***	3.54***	0.13	0.03	0.07
ecm_{t-1}^3	−11.35	0.35	−0.06	0.20	−0.01	0.90	−0.03	−0.00	−0.09
ecm_{t-1}^4	25.95	0.91	0.65	−2.56	−0.42	2.43	−0.17	0.51	1.04**
ecm_{t-1}^5	22.36	1.09	0.24	8.80	8.15	5.50	−0.05	−0.46	1.08***
$\Delta \mathrm{GDP}_{t-1}$	−0.06	0.01	0.00	0.02	0.01	−0.00	−0.00	−0.00	−0.00
$\Delta \ln \mathrm{GDZC}_{t-1}$	13.79*	0.04	0.17*	−1.48	−0.89	−0.16	0.14*	0.06	0.03
$\Delta \ln \mathrm{INDUS}_{t-1}$	2.27	−0.31	−0.12	0.39	−0.23	−0.57	0.32*	0.33*	0.04
$\Delta \mathrm{ER}_{t-1}^{(3)}$	−15.56	0.24	−0.24*	−0.94	−2.01*	−1.75**	−0.09	−0.00	−0.05
$\Delta \mathrm{ER}_{t-1-\frac{1}{3}}^{(3)}$	22.57*	−0.46	0.29*	0.81	1.94	1.70*	0.07	−0.03	0.12

续表

变量	ΔGDP_t	$\Delta\ln GDZC_t$	$\Delta\ln INDUS_t$	$\Delta ER_t^{(3)}$	$\Delta ER_{t-\frac{1}{3}}^{(3)}$	$\Delta ER_{t-\frac{2}{3}}^{(3)}$	$\Delta\ln CPI_t^{(3)}$	$\Delta\ln CPI_{t-\frac{1}{3}}^{(3)}$	$\Delta\ln CPI_{t-\frac{2}{3}}^{(3)}$
$\Delta ER_{t-1\frac{2}{3}}^{(3)}$	−9.61	0.24	−0.11	−0.15	−0.17	0.01	0.03	0.05	−0.04
$\Delta\ln CPI_{t-1}^{(3)}$	18.12	−2.33	−0.15	0.74	−0.42	−2.12	0.45	0.95	−0.11
$\Delta\ln CPI_{t-1\frac{1}{3}}^{(3)}$	−26.08	0.27	0.22	−9.97	−7.52	−2.75	−0.02	−0.19	0.09
$\Delta\ln CPI_{t-1\frac{2}{3}}^{(3)}$	43.02	2.71**	0.33	4.77	4.12	1.67	−0.09	−0.19	0.10
ΔGDP_{t-2}	−0.28	−0.01*	0.00	0.01	0.01	0.00	−0.00	−0.00	−0.00
$\Delta\ln GDZC_{t-2}$	−8.47	−0.06	−0.13	−0.62	−0.27	0.05	0.08	0.08	0.07
$\Delta\ln INDUS_{t-2}$	16.33	0.23	−0.41*	−2.03	−1.65	−0.53	0.20	0.13	0.05
$\Delta ER_{t-2}^{(3)}$	−10.26	−0.09	−0.10	0.56	−0.65	−1.55**	−0.09	−0.01	−0.04
$\Delta ER_{t-2\frac{1}{3}}^{(3)}$	16.67	0.08	0.16	−0.57	0.70	1.56*	0.08	−0.01	0.06
$\Delta ER_{t-2\frac{2}{3}}^{(3)}$	−5.15	−0.11	−0.05	−0.04	−0.40	−0.51*	−0.01	0.01	−0.02
$\Delta\ln CPI_{t-2}^{(3)}$	−5.52	−3.02**	−0.23	0.38	−0.37	−0.93	0.04	0.28	−0.07
$\Delta\ln CPI_{t-2\frac{1}{3}}^{(3)}$	−19.74	0.25	−0.13	−3.93	−2.27	−0.37	0.44	0.09	0.10
$\Delta\ln CPI_{t-2\frac{2}{3}}^{(3)}$	−53.51**	0.00	−0.56*	−2.10	−1.44	−0.27	−0.10	0.06	0.12
截距项	98.45	0.28	1.68	−4.19	1.89	1.49	3.31**	3.10**	0.84

***、**和*分别代表 1%、5%和 10%的显著水平

10.3　混频向量误差修正模型结果经济意义分析

本章研究中国五个宏观经济变量之间的交互作用，从表 10-2 的估计结果来看，对于 GDP 方程，滞后 1 期的固定资产投资系数为正，且通过了 10%水平的显著性检验，说明在短期内固定资产投资总额的提升会对 GDP 的增加带来显著的正面影响；CPI 的上涨会在多期后对 GDP 变化值形成显著的负面影响。对于 ER 的分析，汇率的变动与其他宏观经济变量之间的关系较弱。根据协整检验的结果，得到 GDP 的协整方程

$$\begin{aligned} GDP_{t-1} = {} & 8.754\ln GDZC_{t-1} + 37.119\ln INDUS_{t-1} \\ & + 1.175ER_{t-1}^{(3)} + 59.878\ln CPI_{t-1}^{(3)} - 411.89 \end{aligned} \tag{10.9}$$

因此，在长期内固定资产投资的增加、产业结构优化、人民币汇率和消费价

格指数的上涨均会对国内生产总值产生正向影响。

10.3.1　脉冲响应分析

脉冲响应函数用于衡量模型受到某种冲击时对系统的动态影响，能够刻画出变量之间的动态交互作用及其效应。基于 MF-VECM 结果，进行脉冲响应分析，绘制各变量受到一个标准差冲击后对所有变量当期和未来各期影响的脉冲响应函数图，结果如图 10-1 至图 10-9 所示。其中，虚线为冲击的两个标准差，实线为脉冲响应函数。从影响大小的绝对值来看，给予各变量一个标准差的正向冲击以后，GDP 滞后项受到的影响较为明显，汇率滞后项受到的影响较弱，而固定资产投资、产业结构与消费价格指数滞后项影响大小的绝对值在 0.01 以下。

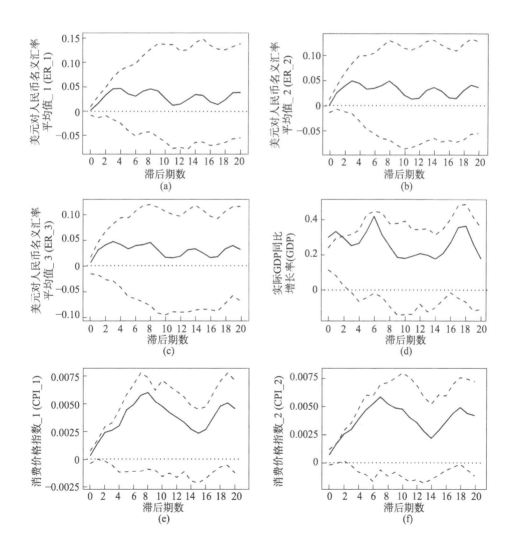

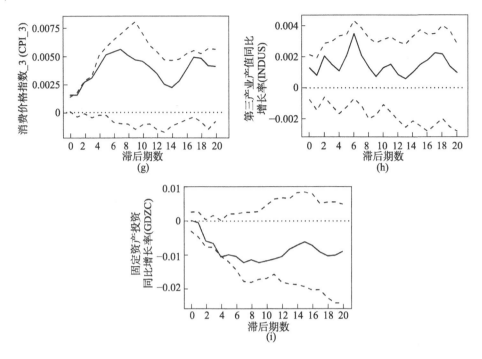

图 10-1　实际 GDP 同比增长率对各变量脉冲响应分析图

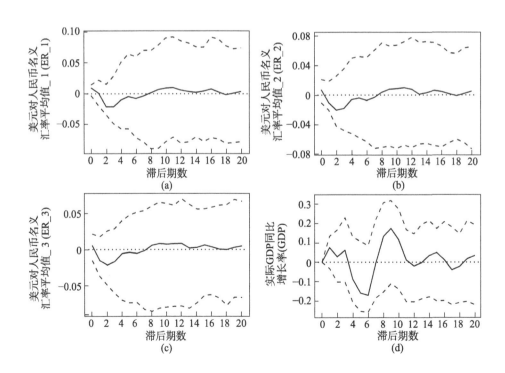

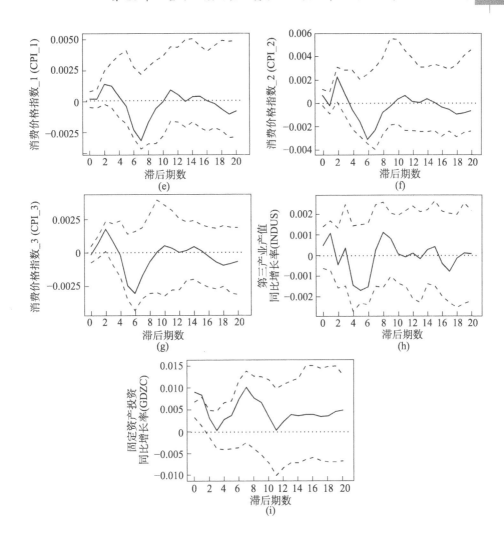

图 10-2　固定资产投资同比增长率对各变量脉冲响应分析图

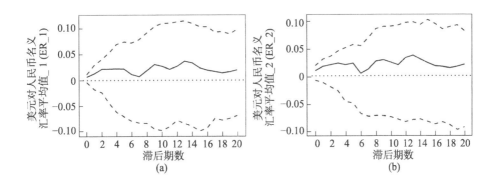

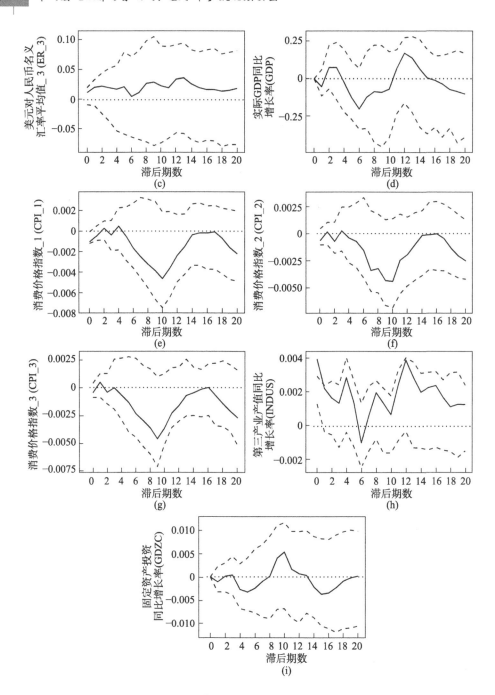

图 10-3　第三产业产值同比增长率对各变量脉冲响应分析图

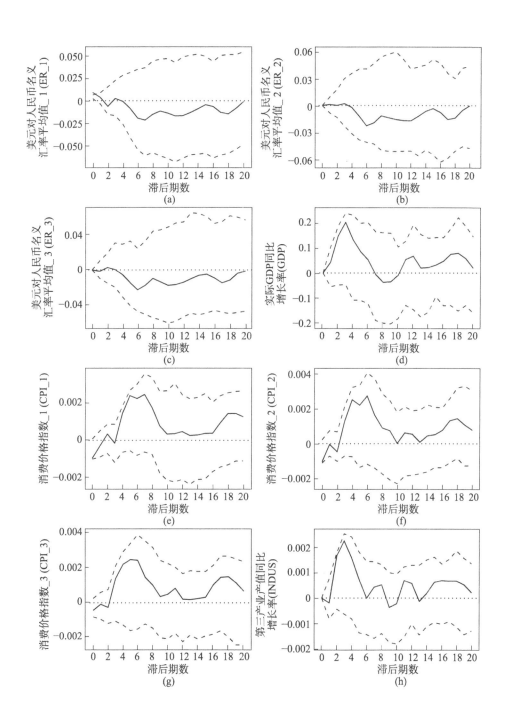

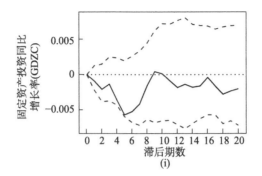

图 10-4 美元对人民币名义汇率平均值序列 1 对各变量脉冲响应分析图

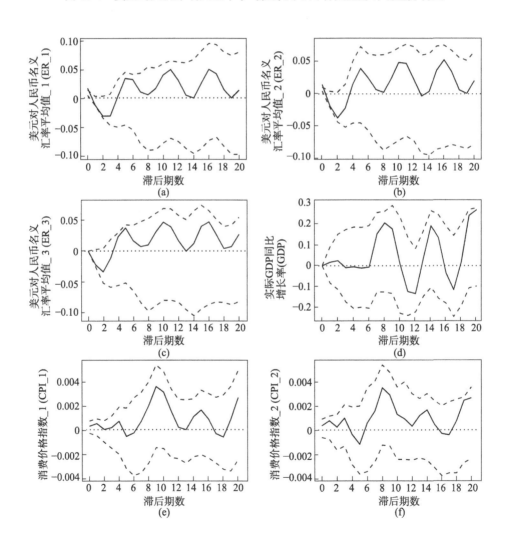

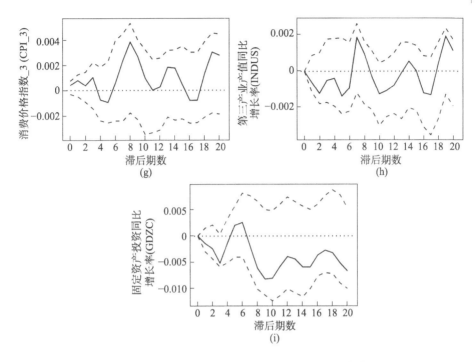

图 10-5　美元对人民币名义汇率平均值序列 2 对各变量脉冲响应分析图

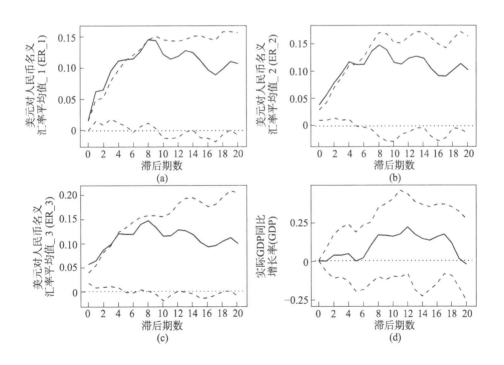

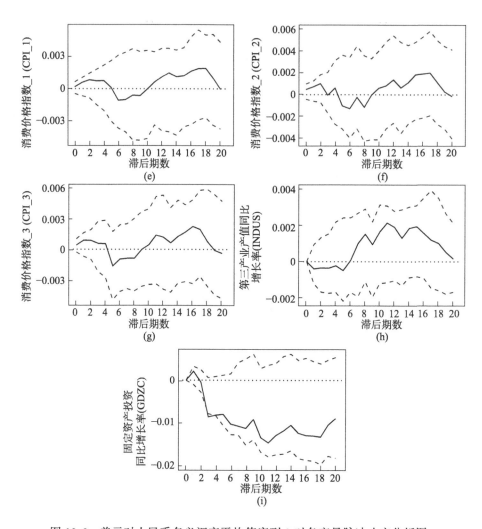

图 10-6 美元对人民币名义汇率平均值序列 3 对各变量脉冲响应分析图

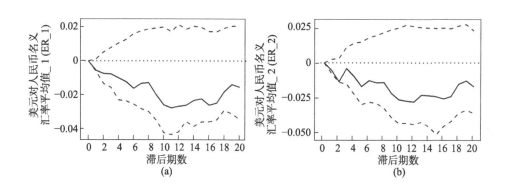

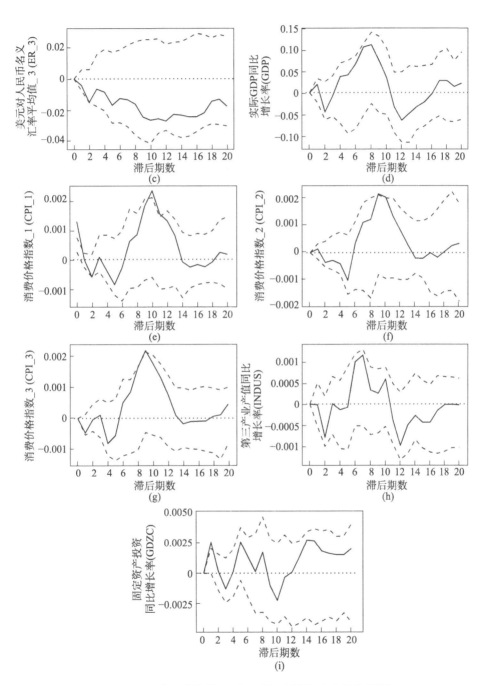

图 10-7　消费价格指数序列 1 对各变量脉冲响应分析图

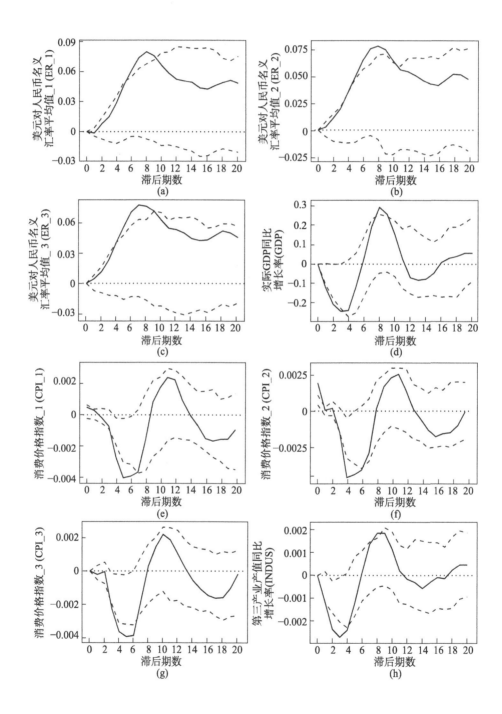

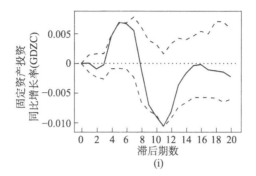

(i)

图 10-8　消费价格指数序列 2 对各变量脉冲响应分析图

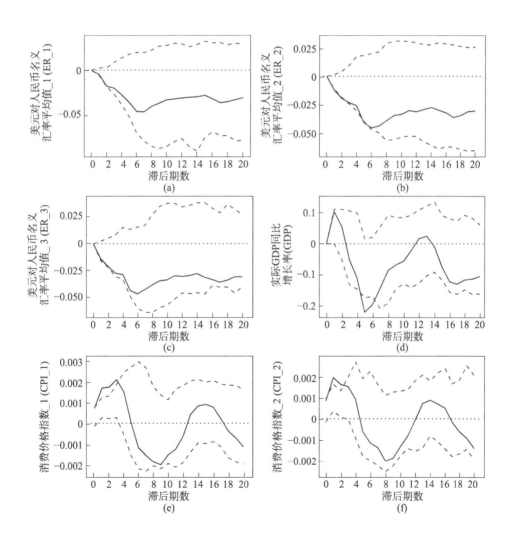

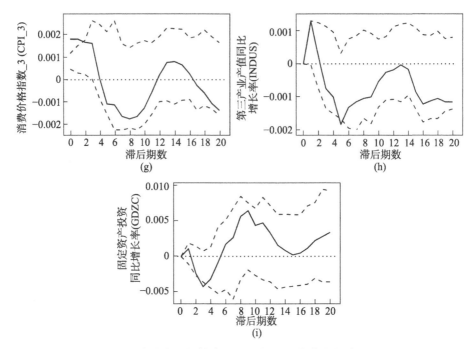

图 10-9　消费价格指数序列 3 对各变量脉冲响应分析图

　　具体来说，如图 10-1(d)所示，当给实际 GDP 同比增长率一个标准差的正向冲击后，GDP 会持续受到正向的影响，滞后 6 期 GDP 受到的正向影响最大，达到 0.4 左右，随着时间的推移，于滞后 9 期到达底部，随后呈现上升趋势，在滞后 18 期后快速回落。如图 10-2(d)所示，固定资产投资同比增长率对实际 GDP 同比增长率的总体影响系数较小，动态影响机制较为复杂，对滞后 12 期内的 GDP 会形成较为明显的影响。当固定资产投资同比增长率受到一个标准差的正向冲击后，滞后 1 期至 3 期的 GDP 会受到微弱的正向影响，在 4 期至 7 期受到负向影响，在第 8 期后又转向较为明显的正向影响，其后影响大小逐步收敛为 0。如图 10-3(d)所示，用来刻画产业结构的第三产业产值同比增长率受到一个标准差的正向冲击后，对滞后 1 期至 11 期的实际 GDP 同比增长率具有较为明显的负向作用，其后影响转正。外生冲击借由第三产业产值同比增长率对 GDP 同比增长率的影响具有正负周期性，但影响绝对值逐步收敛。

　　高频变量方面，如图 10-4 至图 10-6 所示，美元对人民币名义汇率平均值是高频变量，变量季度数据间存在协整关系。每季度第 1 个月汇率与第 2 个、第 3 个月的汇率对于汇率自身的影响方向相反，由此说明外生冲击借由汇率对汇率自身的影响具有较为明显的日历效应。如图 10-4 至图 10-6 所示，外生冲击借由汇率对实际 GDP 同比增长率的影响较为复杂，不同月份的季度汇率对 GDP 的影响形式具有较大差异。如图 10-7 至图 10-9 所示，不同月份的季度 CPI 受到正向冲击后，对 GDP 的影响机制在形态上不完全相似。外生冲击对季度内第 2 个月的季度 CPI 的影响会对滞后期数较小的实际 GDP 同比增长率形成较为明显的负面影响，后逐步转正，并对滞后 8 期的 GDP 形成显著正向影响；外生冲击对季度内第 1 个月份的季度 CPI 的影响会对滞后 3 期以内的实际 GDP 同比增长率形成程度较小正向影响，后逐步转负，并对滞后 5 期的 GDP 形成显著负向影响。

10.3.2　方差分解分析

方差分解分析从预测均方误差角度，将预测的均方误差方差分解为不同变量冲击项造成的方差，计算均方误差由其自身或其他内生变量的冲击而导致的变动的比例，从而有助于揭示系统中变量间的相互关系。本节基于 MF-VECM 模型估计结果进行方差分解分析，计算各变量方差分解结果（图 10-10）。

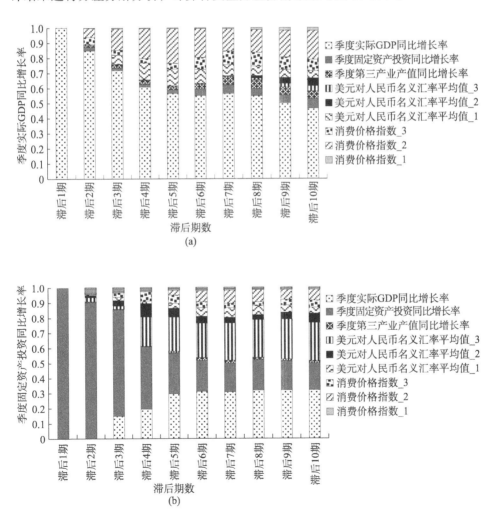

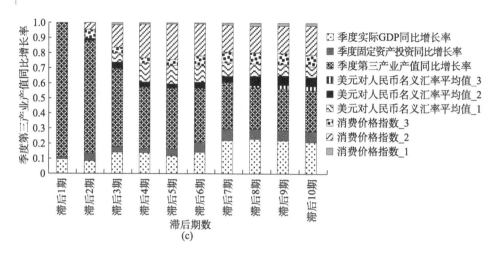

(c)

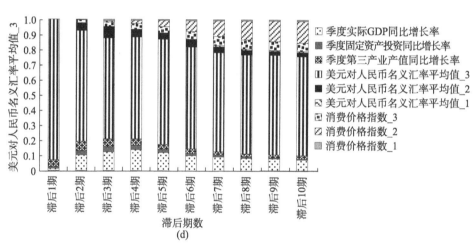

(d)

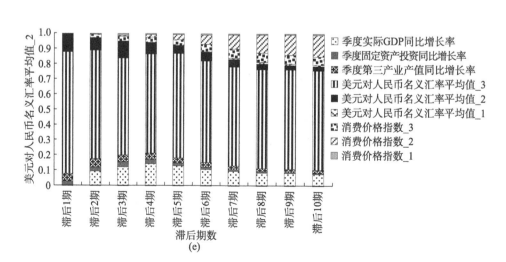

(e)

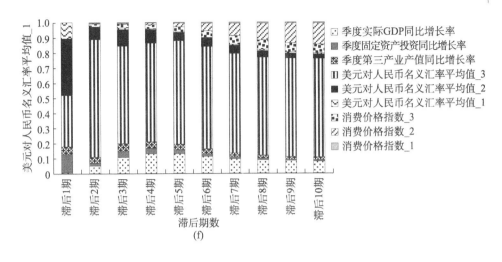

(f)

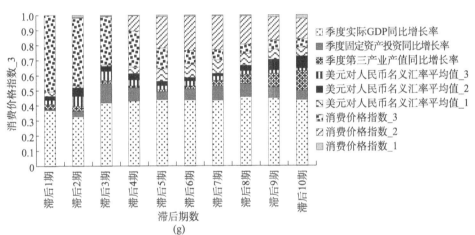

(g)

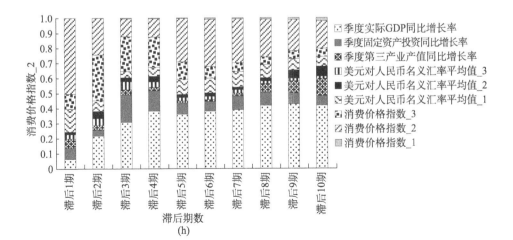

(h)

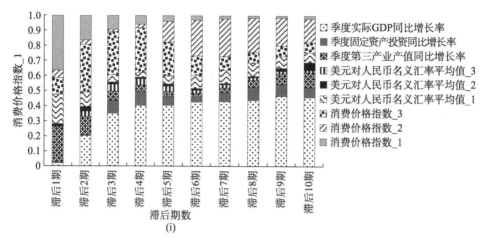

图 10-10 每季度第三个月 CPI 方差分解图

当滞后期数较少时，有的各变量受自身冲击导致变动的比例较大；当滞后期较长时，实际 GDP 同比增长率变动对其自身、固定资产投资、产业结构以及消费价格指数滞后期的预测方差解释能力较强。

具体来看，如图 10-10(a)所示，滞后 1 期实际 GDP 同比增长率的预测方差几乎完全来源于自身，其后 GDP 对自身的解释能力有所下降，但贡献率仍维持在 40%以上。长期来看，除了自身以外，对 GDP 的预测方差影响最大的变量是每季度第 2 个月的季度 CPI，其对 GDP 的影响逐步增大，对滞后 10 期 GDP 的影响在 20%左右。如图 10-10(b)所示，在针对固定资产投资同比增长率的方差分解分析中，实际 GDP 同比增长率变动对滞后 1 期至滞后 2 期固定资产投资预测方差的贡献率较低，对滞后 3 期固定资产投资预测方差的贡献率显著上升，贡献率其后稳定在 30%左右。因此，短期内实际 GDP 同比增长率变动对于固定资产投资同比增长率变化的解释能力较弱；中长期看，实际 GDP 同比增长率变动对固定资产投资同比增长率变动的解释能力高于其本身。如图 10-10(c)所示，在针对第三产业产值同比增长率的方差分解中，实际 GDP 同比增长率变动对第三产业产值同比增长率变动的贡献稳步上升，对滞后 8 期第三产业产值同比增长变动率的贡献率达 20%以上，其后缓步下降至 20%左右。第三产业产值同比增长率变动对其自身变动贡献率逐步下降，中长期贡献率稳定在 30%左右。

高频变量方面，如图 10-10(d)至图 10-10(f)所示，在针对季度各月汇率的方差分解分析中，可以看出季度首月汇率变动对解释季度汇率的方差贡献率持续在 70%以上，其余宏观经济变量的方差贡献率大多不足 10%，由此说明汇率在模型中是较为独立变量。如图 10-10(g)至图 10-10(i)所示，在针对季度各月消费价格指数的方差分解中，从滞后 1 期的结果来看，各月消费价格指数变动对自身方差贡献率最高；中长期来看，实际 GDP 同比增长率变动为贡献率较高的内生变量，长期方差贡献率维持在 40%左右。

10.4　基于混频向量误差修正模型对中国重要宏观经济变量的预测

本节对各个宏观经济变量进行 4 个季度以内的样本外预测，h 为预测步长。例如，$h=2$ 代表对训练样本外向前 2 季度的指标值进行预测。为避免训练方法对预测结果产生影响，本节分别采用固定样本、递归样本和滚动样本进行连续向前 1 期、2 期、3 期和 4 期预测，表 10-3 为预测结果汇总。综合来看，在三种样本检

表 10-3　线性 MF-VECM 在不同预测样本下的预测效果

变量	固定样本预测							
	$h=1$		$h=2$		$h=3$		$h=4$	
	RMSE	MAE	RMSE	MAE	RMSE	MAE	RMSE	MAE
ΔGDP_t	0.4645	0.4645	0.8281	0.5855	2.0586	1.1885	1.0810	0.5405
$\Delta \ln GDZC_t$	0.0179	0.0179	0.0189	0.0134	0.0129	0.0075	0.0007	0.0004
$\Delta \ln INDUS_t$	0.0097	0.0097	0.0047	0.0033	0.0026	0.0015	0.0104	0.0052
$\Delta ER_t^{(3)}$	0.3266	0.3266	0.3735	0.2641	0.3248	0.1875	0.0201	0.0101
$\Delta ER_{t-1/3}^{(3)}$	0.0781	0.0781	0.3643	0.2576	0.0848	0.0490	0.0045	0.0023
$\Delta ER_{t-2/3}^{(3)}$	0.0036	0.0036	0.2875	0.2033	0.0742	0.0428	0.0344	0.0172
$\Delta \ln CPI_t^{(3)}$	0.0101	0.0101	0.0028	0.0020	0.0153	0.0088	0.0046	0.0023
$\Delta \ln CPI_{t-1/3}^{(3)}$	0.0101	0.0101	0.0036	0.0026	0.0191	0.0111	0.0059	0.0029
$\Delta \ln CPI_{t-2/3}^{(3)}$	0.0088	0.0088	0.0017	0.0012	0.0048	0.0028	0.0041	0.0020
变量	递归样本预测							
	$h=1$		$h=2$		$h=3$		$h=4$	
	RMSE	MAE	RMSE	MAE	RMSE	MAE	RMSE	MAE
ΔGDP_t	0.4645	0.4695	1.2132	0.8579	1.1187	0.6459	0.0717	0.0359
$\Delta \ln GDZC_t$	0.0179	0.0179	0.0279	0.0197	0.0097	0.0056	0.0182	0.0091
$\Delta \ln INDUS_t$	0.0097	0.0097	0.0037	0.0026	0.0131	0.0075	0.0061	0.0031
$\Delta ER_t^{(3)}$	0.3266	0.3266	0.4166	0.2946	0.0616	0.0356	0.2827	0.1413
$\Delta ER_{t-1/3}^{(3)}$	0.0781	0.0781	0.3694	0.2612	0.0965	0.0557	0.2190	0.1095
$\Delta ER_{t-2/3}^{(3)}$	0.0036	0.0036	0.2668	0.1887	0.1776	0.1026	0.1192	0.0596
$\Delta \ln CPI_t^{(3)}$	0.0101	0.0101	0.0039	0.0027	0.0076	0.0044	0.0021	0.0011
$\Delta \ln CPI_{t-1/3}^{(3)}$	0.0101	0.0101	0.0097	0.0068	0.0097	0.0056	0.0025	0.0013
$\Delta \ln CPI_{t-2/3}^{(3)}$	0.0088	0.0088	0.0021	0.0015	0.0044	0.0025	0.0023	0.0012

变量	滚动样本预测							
	$h=1$		$h=2$		$h=3$		$h=4$	
	RMSE	MAE	RMSE	MAE	RMSE	MAE	RMSE	MAE
$\Delta\mathrm{GDP}_t$	0.4645	0.4645	1.1274	0.7972	1.6144	0.9321	0.1338	0.0669
$\Delta\ln\mathrm{GDZC}_t$	0.0179	0.0179	0.0223	0.0158	0.0239	0.0138	0.0115	0.0058
$\Delta\ln\mathrm{INDUS}_t$	0.0097	0.0097	0.0112	0.0079	0.0055	0.0032	0.0070	0.0035
$\Delta\mathrm{ER}_t^{(3)}$	0.3266	0.3266	0.2496	0.1765	0.1020	0.0589	0.3285	0.1642
$\Delta\mathrm{ER}_{t-1/3}^{(3)}$	0.0781	0.0781	0.0991	0.0701	0.0463	0.0267	0.1995	0.0998
$\Delta\mathrm{ER}_{t-2/3}^{(3)}$	0.0036	0.0036	0.0618	0.0437	0.0589	0.0340	0.1064	0.0532
$\Delta\ln\mathrm{CPI}_t^{(3)}$	0.0101	0.0101	0.0190	0.0135	0.0042	0.0024	0.0095	0.0048
$\Delta\ln\mathrm{CPI}_{t-1/3}^{(3)}$	0.0101	0.0101	0.0082	0.0058	0.0031	0.0018	0.0069	0.0035
$\Delta\ln\mathrm{CPI}_{t-2/3}^{(3)}$	0.0088	0.0088	0.0090	0.0064	0.0076	0.0044	0.0050	0.0025

验中，当进行向前 2 步预测时，固定样本和滚动样本预测效果较好；当进行向前 3 步预测时，递归样本和滚动样本预测效果较好；当进行向前 4 步预测时，固定样本和递归样本预测效果较好。因此当预测步长较短时（$h=2$），保持训练集样本量不变的训练方法得到的 MF-VECM 能够较好地刻画时间序列特征，进而获得较好的短期预测效果；当预测步长较长时（$h=3$，$h=4$），选择不断扩充训练集样本的训练方法迭代估计的 MF-VECM 在预测方面更具备优势。

对于低频变量，使用固定样本和递归样本训练得到的 MF-VECM 预测效果较好。例如，对 $\Delta\mathrm{GDP}_t$ 进行预测时，短期内（$h=2$）固定样本效果较好，中长期（$h=3$，$h=4$）预测时使用递归样本能够训练得到预测更为精准的 MF-VECM。对于高频变量，不同预测步长下的模型预测效果与样本训练方法选择的相关性较低。

10.5　半参数混频向量误差修正模型

上述 MF-VECM 在纳入过多高频变量时，存在待估参数过多的问题，在样本量较少时，甚至出现无法估计的情况。为解决此问题，本章在上述变量选择及模型构建的基础上，提出 SEMI-MF-VECM，将向量误差修正项以非参数形式 $F(\cdot)$ 呈现，大大减少了待估参数个数。此处以 $Z_t = (y_t, X_t^{(m)^\mathrm{T}})^\mathrm{T}$ 为例，SEMI-MF-VECM 设定为式（10.10）

$$\Delta Z_t = \sum_{i=1}^{p-1} \tilde{\varGamma}_i \Delta Z_{t-i} + F(\beta^\mathrm{T} Z_{t-1}) + \varepsilon_t \tag{10.10}$$

具体展开为式（10.11）

$$
\begin{pmatrix}
\Delta y_t \\
\Delta X_t^{(m)} \\
\Delta X_{t-\frac{1}{m}}^{(m)} \\
\vdots \\
\Delta X_{t-\frac{m-1}{m}}^{(m)}
\end{pmatrix}
= \sum_{i=1}^{p-1} \tilde{\Gamma}_i
\begin{pmatrix}
\Delta y_{t-i} \\
\Delta X_{t-i}^{(m)} \\
\Delta X_{t-i-\frac{1}{m}}^{(m)} \\
\vdots \\
\Delta X_{t-i-\frac{m-1}{m}}^{(m)}
\end{pmatrix}
+ F \left[\beta^{\mathrm{T}}
\begin{pmatrix}
y_{t-1} \\
X_{t-1}^{(m)} \\
X_{t-1-\frac{1}{m}}^{(m)} \\
\vdots \\
X_{t-1-\frac{m-1}{m}}^{(m)}
\end{pmatrix}
\right] + \varepsilon_t
\qquad (10.11)
$$

数据选取区间为 2005 年 1 月至 2019 年 3 月，共 57 个季度，171 个月。然后使用 2005 年第 1 季度至 2018 年第 1 季度 53 个样本作为训练集，剩余 2018 年第 2 季度至 2019 年第 1 季度 4 个样本作为测试集，以比较 MF-VECM 和 SEMI-MF-VECM 预测的优劣程度。

10.6　高频变量与低频变量协整检验

本章选取的数据为季度、月度数据，频率倍差为 3。Götz 等（2013）认为若低频变量与高频变量间存在长期均衡关系，则低频变量与高频变量任意分量均存在协整关系，即在寻找低频变量与高频变量关系式时，只需要考察低频变量与高频变量某一分量间的协整关系即可，本章选择每一季度的最后一个月所对应的高频变量分量进行检验，利用基于回归系数完全信息的 Johansen 协整检验进行判别。首先建立如式（10.12）所示的 VAR(p) 模型

$$
\begin{pmatrix}
\mathrm{GDP}_t \\
\ln \mathrm{GDZC}_t \\
\ln \mathrm{INDUS}_t \\
\mathrm{ER}_t^{(3)} \\
\ln \mathrm{CPI}_t^{(3)}
\end{pmatrix}
= A_0 + \sum_{i=1}^{p} A_i
\begin{pmatrix}
\mathrm{GDP}_{t-i} \\
\ln \mathrm{GDZC}_{t-i} \\
\ln \mathrm{INDUS}_{t-i} \\
\mathrm{ER}_{t-i}^{(3)} \\
\ln \mathrm{CPI}_{t-i}^{(3)}
\end{pmatrix}
+ e_t, \quad t = 1, 2, \cdots, 57
\qquad (10.12)
$$

其中，A_i 为系数矩阵，$i = 0, 1, \cdots, p$；e_t 为随机扰动项。

利用 AIC 选择最优滞后阶数 4，因此对应的 Johansen 迹检验滞后阶数为 3，具体结果如表 10-4 所示。由表 10-4 结果可知，基于 Johansen 迹检验在 1%显著性水平下拒绝了不存在协整关系的原假设。通过建立 VECM，获得以下长期误差修正项。

表 10-4　低频变量与高频变量协整关系检验

项目	Johansen 迹检验					
	无协整关系		最多一个协整关系		最多两个协整关系	
	统计量	1%临界值	统计量	1%临界值	统计量	1%临界值
检验结果	99.90	84.45	54.33	60.16	29.27	41.07

$$\widetilde{ecm}_{t-1} = \text{GDP}_{t-1} - 8.75\ln\text{GDZC}_{t-1} - 37.12\ln\text{INDUS}_{t-1} - 1.18\text{ER}_{t-1}^{(3)} - 59.88\ln\text{CPI}_{t-1}^{(3)} \quad (10.13)$$
$$(-7.92)(-3.86)(-4.05)(-7.30)$$

由式（10.13）括号中的 t 检验统计量可知，在 1% 显著性水平下均与零存在显著性差异。由此可见 GDZC、INDUS、ER、CPI 对 GDP 均有较强的解释能力，则与 r_1 对应的协整向量部分为 $\beta_{(1)}^{T} = (1\ \ -8.75\ \ -37.12\ \ -1.18\ \ 0\ \ 0\ \ -59.88\ \ 0\ \ 0)$。假设 H10-1 为变量间存在协整关系。假设 H10-1 成立条件下，对应 SEMI-MF-VECM 的协整矩阵设定为式（10.14）

$$\beta^{T} = \begin{pmatrix} 1 & -8.75 & -37.12 & -1.18 & 0 & 0 & -59.88 & 0 & 0 \\ 0 & 0 & 0 & 1 & -1 & 0 & 0 & 0 & 0 \\ 0 & 0 & 0 & 0 & 1 & -1 & 0 & 0 & 0 \\ 0 & 0 & 0 & 0 & 0 & 0 & 1 & -1 & 0 \\ 0 & 0 & 0 & 0 & 0 & 0 & 0 & 1 & -1 \end{pmatrix} \quad (10.14)$$

原假设 H10-0 为变量间不存在协整关系。原假设 H10-0 成立条件下，协整矩阵设定为式（10.15）

$$\beta^{T} = \begin{pmatrix} 0 & 0 & 0 & 1 & -1 & 0 & 0 & 0 & 0 \\ 0 & 0 & 0 & 0 & 1 & -1 & 0 & 0 & 0 \\ 0 & 0 & 0 & 0 & 0 & 0 & 1 & -1 & 0 \\ 0 & 0 & 0 & 0 & 0 & 0 & 0 & 1 & -1 \end{pmatrix} \quad (10.15)$$

进而构造似然比检验统计量：$\text{LR}_{\text{H10-0, H10-1}} = 2(l_{\text{H10-1}} - l_{\text{H10-0}}) = 89.74$。统计量大于 1% 显著性水平下的临界值 84.45，拒绝低频变量与高频变量间不存在协整关系的原假设，后续建模过程中误差修正项采用式（10.13）的设定。

10.7　模型的构建与估计

将数据划分为训练集和测试集，选取 2005 年 1 月至 2018 年 3 月的数据作为训练集、2018 年 4 月至 2019 年 3 月的数据作为测试集。分别建立线性 MF-VECM 和 SEMI-MF-VECM。首先在建立向量误差修正模型之前，根据 AIC、HQ、SC、FPE 确定 VAR 模型阶数为 4（表 10-5），因此确定 VECM 的最优滞后阶数为 3。

表 10-5　VAR 最优滞后阶数选择

滞后阶数	AIC	HQ	SC	FPE（$\times10^{-15}$）
1	−33.00	−32.49	−31.65[*]	4.69
2	−33.30	−32.42	−30.99	3.62
3	−33.42	−32.18	−30.14	3.54
4	−34.35[*]	−32.74[*]	−30.10	1.71[*]

*代表在 10% 的显著水平下显著

其次需要重新对训练集数据进行协整关系的检验，确定协整向量的设定，以为后续建模做好铺垫，检验结果如表 10-6 所示，检验结果表明在 1%显著性水平下拒绝了不存在协整关系的原假设，因此低频与高频变量之间存在一个协整关系。通过建立 VECM，获得以下长期误差修正项：

$$\widehat{ecm_{t-1}} = GDP_{t-1} - 11.50\ln GDZC_{t-1} - 47.23\ln INDUS_{t-1} - 0.87ER_{t-1}^{(3)} - 43.51\ln CPI_{t-1}^{(3)}$$
$$\quad(-11.53)\qquad\qquad(-6.99)\qquad\qquad(-4.18)\qquad\quad(-7.38)\qquad\qquad(10.16)$$

表 10-6　训练集低频变量与高频变量协整关系检验

Johansen 迹检验	无协整关系		最多一个协整关系		最多两个协整关系	
	统计量	1%临界值	统计量	1%临界值	统计量	1%临界值
检验结果	102.30	84.45	56.36	60.16	27.95	41.07

构造似然比检验统计量：$LR_{H10\text{-}0,H10\text{-}1} = 2(l_{H10\text{-}1} - l_{H10\text{-}0}) = 74.28$，其大于 10%显著性水平下的临界值 71.86，从而可以拒绝低频变量与高频变量间不存在协整关系的原假设，后续建模过程中协整向量采用以下协整向量设定，即

$$\beta^{T} = \begin{pmatrix} 1 & -11.50 & -47.23 & -0.87 & 0 & 0 & -43.51 & 0 & 0 \\ 0 & 0 & 0 & 1 & -1 & 0 & 0 & 0 & 0 \\ 0 & 0 & 0 & 0 & 1 & -1 & 0 & 0 & 0 \\ 0 & 0 & 0 & 0 & 0 & 0 & 1 & -1 & 0 \\ 0 & 0 & 0 & 0 & 0 & 0 & 0 & 1 & -1 \end{pmatrix} \qquad (10.17)$$

在确定协整向量设定后，分别建立 SEMI-MF-VECM，模型估计结果如表 10-7所示。国内生产总值同比增长率的差分序列（ΔGDP）对滞后 3 期固定资产投资差分序列的回归系数为正且显著，表明短期内$\Delta\ln GDZC$ 的提高会提升ΔGDP。

表 10-7　SEMI-MF-VECM 估计结果

变量	ΔGDP_t	$\Delta\ln GDZC_t$	$\Delta\ln INDUS_t$	$\Delta ER_t^{(3)}$	$\Delta ER_{t-\frac{1}{3}}^{(3)}$	$\Delta ER_{t-\frac{2}{3}}^{(3)}$	$\Delta\ln CPI_t^{(3)}$	$\Delta\ln CPI_{t-\frac{1}{3}}^{(3)}$	$\Delta\ln CPI_{t-\frac{2}{3}}^{(3)}$
ΔGDP_{t-1}	0.4317	-0.0034	0.0005	-0.0191	-0.0158	-0.0093	0.0089	0.0102**	0.0075*
ΔGDP_{t-2}	0.2421	-0.0205*	0.0019	0.0143	0.0184	0.0107	-0.0020	-0.0029	0.0009
ΔGDP_{t-3}	-0.0902	0.0249**	-0.0030	-0.0817	-0.0667	-0.0103	-0.0035	0.0030	0.0004
$\Delta\ln GDZC_{t-1}$	4.4518	0.1249	0.0465	-0.5803	-0.0673	0.0791	0.0347	0.1432*	0.0051
$\Delta\ln GDZC_{t-2}$	1.6002	0.1413	-0.0066	0.3492	0.0280	-0.4840	-0.0195	0.0586	0.0780
$\Delta\ln GDZC_{t-3}$	10.5595*	-0.1433	0.0797	0.9391	0.8196	0.2193	0.0527	0.0591	-0.0060
$\Delta\ln INDUS_{t-1}$	28.8467	-1.0900	0.0800	4.9885	4.4131	2.1177	0.1938	-0.6856	-0.5144
$\Delta\ln INDUS_{t-2}$	5.3893	0.8371	0.2146	-7.4522	-5.7651	-1.5239	0.1675	-0.0709	0.2432
$\Delta\ln INDUS_{t-3}$	2.3196	-0.9324	0.0054	3.6935	2.9474	0.7404	-0.3092	0.1285	0.1829

变量	ΔGDP_t	$\Delta \ln GDZC_t$	$\Delta \ln INDUS_t$	$\Delta ER_t^{(3)}$	$\Delta ER_{t-\frac{1}{3}}^{(3)}$	$\Delta ER_{t-\frac{2}{3}}^{(3)}$	$\Delta \ln CPI_t^{(3)}$	$\Delta \ln CPI_{t-\frac{1}{3}}^{(3)}$	$\Delta \ln CPI_{t-\frac{2}{3}}^{(3)}$
$\Delta ER_{t-1}^{(3)}$	8.0753	0.1880	0.0466	1.6905	1.5870	0.2583	0.0920	0.0075	0.0027
$\Delta ER_{t-2}^{(3)}$	−0.4253	−0.1156	0.1086	1.3381	1.2560	0.0500	0.1177	−0.0253	0.0888
$\Delta ER_{t-3}^{(3)}$	9.5279	0.1066	0.0550	0.4722	0.8841	0.6963	−0.0397	0.0856	0.0610
$\Delta ER_{t-1-\frac{1}{3}}^{(3)}$	−11.4890	−0.4761	−0.0461	−2.9503*	−2.6774	−0.6117	−0.0832	0.0097	0.0614
$\Delta ER_{t-2-\frac{1}{3}}^{(3)}$	0.9919	0.1756	−0.1583	−1.5542	−1.4954	0.0313	−0.1941	0.0381	−0.1199
$\Delta ER_{t-3-\frac{1}{3}}^{(3)}$	−12.1615	−0.1161	−0.0672	−0.5665	−1.2069	−1.0008	0.0508	−0.1049	−0.0724
$\Delta ER_{t-1-\frac{2}{3}}^{(3)}$	−2.4744	0.2461	−0.0878	3.2378*	2.5447	1.0245	−0.0607	−0.0932	−0.2470**
$\Delta ER_{t-2-\frac{2}{3}}^{(3)}$	0.7387	−0.1239	0.1230	−0.0498	0.3214	−0.1995	0.1970	0.0585	0.0781
$\Delta ER_{t-3-\frac{2}{3}}^{(3)}$	9.4341	0.0112	0.0704	2.0782	1.8655	0.3617	0.0671	0.0447	0.0187
$\Delta \ln CPI_{t-1}^{(3)}$	−31.6782	0.7428	−0.1872	2.3576	1.2748	−0.1522	−0.2079	0.2408	−0.1489
$\Delta \ln CPI_{t-2}^{(3)}$	1.0416	−0.4608	0.0283	3.5298	3.4772	0.3859	0.0889	0.1953	0.0729
$\Delta \ln CPI_{t-3}^{(3)}$	22.5282	0.9101	0.2082	4.2319	2.9321	−0.5720	0.6132*	0.0800	−0.0891
$\Delta \ln CPI_{t-1-\frac{1}{3}}^{(3)}$	1.3790	0.8202	−0.0790	−0.7581	−1.0660	−0.0011	−0.0124	−0.3109	−0.0244
$\Delta \ln CPI_{t-2-\frac{1}{3}}^{(3)}$	−2.3475	0.0224	0.4334	−1.8061	−1.3667	−1.1278	0.7121	−0.2869	0.0037
$\Delta \ln CPI_{t-3-\frac{1}{3}}^{(3)}$	−33.0571	−1.8719**	−0.6183*	0.5709	0.7750	2.2947	−0.8857**	−0.5003*	−0.0680
$\Delta \ln CPI_{t-1-\frac{2}{3}}^{(3)}$	−9.9221	1.5137	−0.1189	2.8286	2.1029	−0.4411	0.0497	0.0047	−0.5482
$\Delta \ln CPI_{t-2-\frac{2}{3}}^{(3)}$	−16.8682	−0.3581	−0.1542	−6.8784	−6.8333	−0.8220	0.1514	−0.5226	−0.3702
$\Delta \ln CPI_{t-3-\frac{2}{3}}^{(3)}$	13.4776	−2.5972**	0.6255	−7.2394	−4.9303	−2.4471	1.0276*	0.1954	0.6194*

**和*分别代表 5%、10%的显著水平

在滞后阶数为 1、2、3 的时候，对数固定资产投资差分项的滞后项与对数产业结构比差分项的滞后项对 GDP 差分项的回归系数均大于 0，说明对数固定资产的波动与对数产业结构比的波动在短期内都会影响 GDP 的波动。人民币汇率的高频变量在滞后 1 个月和 2 个月时具有负向作用且系数值较大，在一个季度后系数转为正数，以此往复。这说明人民币贬值会刺激 GDP 上升。而消费价格指数的高频变量所对应的系数有正有负，消费价格指数的变动对 GDP 的作用机制没有明显规律。

在此基础上对两个模型训练集数据的拟合效果进行比较。以 GDP 指标为例，

图 10-11 展现了两种不同混频模型的样本拟合效果，SEMI-MF-VECM 的拟合效果略优于线性 MF-VECM，从图形上看，二者均能够较好地拟合原始序列变化特征。本节基于 RMSE 和 MAE 来量化两种模型的拟合效果，汇总之后的结果如表 10-8 所示。SEMI-MF-VECM 针对 GDP、lnINDUS 在训练集内的拟合效果比线性 MF-VECM好，而 SEMI-MF-VECM 对 lnGDZC、ER、lnCPI 的拟合效果与线性 MF-VECM 的效果相近。总体上来看，SEMI-MF-VECM 的拟合效果优于线性 MF-VECM。

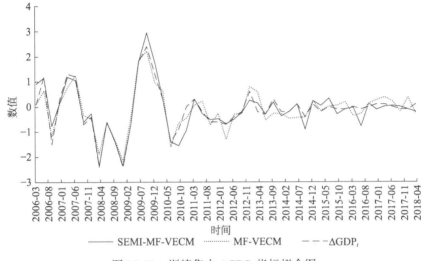

图 10-11　训练集内 ΔGDP_t 指标拟合图

表 10-8　训练集内模型拟合效果

拟合模型	GDP		lnGDZC		lnINDUS		ER		lnCPI	
	RMSE	MAE	RMSE	MAE	RMSE	MAE	RMSE	MAE	RMSE	MAE
MF-VECM	0.3120	0.2535	0.0086	0.0066	0.0041	0.0032	0.0313	0.0564	0.0027	0.0048
SEMI-MF-VECM	0.3049	0.1919	0.0093	0.0060	0.0036	0.0022	0.0644	0.0374	0.0064	0.0037

10.8　基于 SEMI-MF-VECM 对中国重要宏观经济变量的预测

本节基于 MF-VECM 和 SEMI-MF-VECM 对各个宏观经济变量进行 4 个季度以内的样本外预测，h 为预测步长。例如，$h=2$ 代表对训练样本外向前 2 季度的指标值进行预测。为避免训练方法对预测结果产生影响，本节分别采用固定样本、递归样本和滚动样本进行连续向前 1 期、2 期、3 期和 4 期预测，表 10-9 至表 10-17为预测结果汇总。综合来看，不同预测样本下 SEMI-MF-VECM 对各差分变量的预测效果明显优于线性 MF-VECM，多数预测结果具有较小的 RMSE 和 MAE。随着预测步长的增加，两模型的预测准确度均会有所下降。具体来看，对于低频变量 ΔGDP_t，SEMI-MF-VECM 的预测效果持续优于 MF-VECM。对于低频变量 $\Delta lnGDZC_t$ 和 $\Delta lnINDUS_t$，当预测期较短（$h=1$，$h=2$）时，SEMI-MF-VECM 持续优于 MF-VECM 预测效果或与 MF-VECM 预测结果接近；当预测期较长（$h=3$，$h=4$）时，MF-VECM 在部分训练方法下的预测效果优于 SEMI-MF-VECM。对于高频变量 $\Delta ER_{t-\frac{1}{3}}^{(3)}$ 和 $\Delta lnCPI_{t-\frac{1}{3}}^{(3)}$，SEMI-MF-VECM 的预测效果通常优于 MF-VECM。在不同训练方法下，SEMI-MF-VECM 短期预测（$h=1$）效果均显著优于 MF-VECM。综上所述，SEMI-MF-VECM 能够更好地捕捉宏观经济数据的高频信息和非线性结构特征，其短期预测能力较线性 MF-VECM 更优。

表 10-9　两个模型对测试集内 ΔGDP_t 指标的预测效果

预测模型	固定样本预测							
	$h=1$		$h=2$		$h=3$		$h=4$	
	RMSE	MAE	RMSE	MAE	RMSE	MAE	RMSE	MAE
MF-VECM	0.4645	0.4645	0.8281	0.5855	2.0586	1.1885	1.0811	0.5405
SEMI-MF-VECM	0.0064	0.0064	0.1079	0.0763	0.0144	0.0083	0.5276	0.2638
预测模型	递归样本预测							
	$h=1$		$h=2$		$h=3$		$h=4$	
	RMSE	MAE	RMSE	MAE	RMSE	MAE	RMSE	MAE
MF-VECM	0.4645	0.4695	1.2132	0.8579	1.1187	0.6459	0.0717	0.0359
SEMI-MF-VECM	0.0064	0.0064	0.0120	0.0085	0.0147	0.0085	0.0109	0.0055
预测模型	滚动样本预测							
	$h=1$		$h=2$		$h=3$		$h=4$	
	RMSE	MAE	RMSE	MAE	RMSE	MAE	RMSE	MAE
MF-VECM	0.4645	0.4645	1.1274	0.7972	1.6144	0.9321	0.1338	0.0669
SEMI-MF-VECM	0.0064	0.0064	0.1661	0.1174	0.0281	0.0162	0.0366	0.0183

表 10-10　两个模型对测试集内 $\Delta lnGDZC_t$ 指标的预测效果

预测模型	固定样本预测							
	$h=1$		$h=2$		$h=3$		$h=4$	
	RMSE	MAE	RMSE	MAE	RMSE	MAE	RMSE	MAE
MF-VECM	0.0179	0.0179	0.0189	0.0134	0.0129	0.0075	0.0007	0.0004
SEMI-MF-VECM	0.0003	0.0003	0.0018	0.0013	0.0017	0.0010	0.0363	0.0182

续表

预测模型	递归样本预测							
	$h=1$		$h=2$		$h=3$		$h=4$	
	RMSE	MAE	RMSE	MAE	RMSE	MAE	RMSE	MAE
MF-VECM	0.0179	0.0179	0.0279	0.0197	0.0097	0.0056	0.0182	0.0091
SEMI-MF-VECM	0.0003	0.0003	0.0173	0.0123	0.0896	0.0517	0.0138	0.0069

预测模型	滚动样本预测							
	$h=1$		$h=2$		$h=3$		$h=4$	
	RMSE	MAE	RMSE	MAE	RMSE	MAE	RMSE	MAE
MF-VECM	0.0179	0.0179	0.0223	0.0158	0.0239	0.0138	0.0115	0.0058
SEMI-MF-VECM	0.0002	0.0002	0.0144	0.0102	0.0352	0.0203	0.0186	0.0093

表 10-11　两个模型对测试集内 $\Delta\ln INDUS_t$ 指标的预测效果

预测模型	固定样本预测							
	$h=1$		$h=2$		$h=3$		$h=4$	
	RMSE	MAE	RMSE	MAE	RMSE	MAE	RMSE	MAE
MF-VECM	0.0097	0.0097	0.0047	0.0033	0.0026	0.0015	0.0104	0.0052
SEMI-MF-VECM	2.01×10^{-5}	2.01×10^{-5}	0.0012	0.0009	0.0001	7.71×10^{-5}	5.85×10^{-5}	2.92×10^{-5}

预测模型	递归样本预测							
	$h=1$		$h=2$		$h=3$		$h=4$	
	RMSE	MAE	RMSE	MAE	RMSE	MAE	RMSE	MAE
MF-VECM	0.0097	0.0097	0.0037	0.0026	0.0131	0.0075	0.0061	0.0031
SEMI-MF-VECM	2.01×10^{-5}	2.01×10^{-5}	0.0085	0.0060	0.0162	0.0093	0.0036	0.0018

预测模型	滚动样本预测							
	$h=1$		$h=2$		$h=3$		$h=4$	
	RMSE	MAE	RMSE	MAE	RMSE	MAE	RMSE	MAE
MF-VECM	0.0097	0.0097	0.0112	0.0079	0.0055	0.0032	0.0070	0.0035
SEMI-MF-VECM	2.01×10^{-5}	2.01×10^{-5}	0.0023	0.0016	0.0239	0.0138	0.0087	0.0044

表 10-12　两个模型对测试集内 $\Delta ER_t^{(3)}$ 指标的预测效果

预测模型	固定样本预测							
	$h=1$		$h=2$		$h=3$		$h=4$	
	RMSE	MAE	RMSE	MAE	RMSE	MAE	RMSE	MAE
MF-VECM	0.3266	0.3266	0.3735	0.2641	0.3248	0.1875	0.0201	0.0101
SEMI-MF-VECM	0.0007	0.0007	0.0988	0.0699	0.0039	0.0023	0.1605	0.0803

续表

预测模型	递归样本预测							
	$h=1$		$h=2$		$h=3$		$h=4$	
	RMSE	MAE	RMSE	MAE	RMSE	MAE	RMSE	MAE
MF-VECM	0.3266	0.3266	0.4166	0.2946	0.0616	0.0356	0.2827	0.1413
SEMI-MF-VECM	0.0007	0.0007	0.4776	0.3377	0.3148	0.1817	0.0845	0.0423

预测模型	滚动样本预测							
	$h=1$		$h=2$		$h=3$		$h=4$	
	RMSE	MAE	RMSE	MAE	RMSE	MAE	RMSE	MAE
MF-VECM	0.3266	0.3266	0.2496	0.1765	0.1020	0.0589	0.3285	0.1642
SEMI-MF-VECM	0.0007	0.0007	0.4940	0.3493	0.2753	0.1589	0.0733	0.0367

表 10-13　两个模型对测试集内 $\Delta \mathrm{ER}^{(3)}_{t-1/3}$ 指标的预测效果

预测模型	固定样本预测							
	$h=1$		$h=2$		$h=3$		$h=4$	
	RMSE	MAE	RMSE	MAE	RMSE	MAE	RMSE	MAE
MF-VECM	0.0781	0.0781	0.3643	0.2576	0.0848	0.0490	0.0045	0.0023
SEMI-MF-VECM	0.0001	0.0001	0.0905	0.0640	0.0023	0.0013	0.1330	0.0665

预测模型	递归样本预测							
	$h=1$		$h=2$		$h=3$		$h=4$	
	RMSE	MAE	RMSE	MAE	RMSE	MAE	RMSE	MAE
MF-VECM	0.0781	0.0781	0.3694	0.2612	0.0965	0.0557	0.2190	0.1095
SEMI-MF-VECM	0.0001	0.0001	0.5744	0.4061	0.0389	0.0225	0.0827	0.0414

预测模型	滚动样本预测							
	$h=1$		$h=2$		$h=3$		$h=4$	
	RMSE	MAE	RMSE	MAE	RMSE	MAE	RMSE	MAE
MF-VECM	0.0781	0.0781	0.0991	0.0701	0.0463	0.0267	0.1995	0.0998
SEMI-MF-VECM	0.0001	0.0001	0.7328	0.5182	0.1327	0.0766	0.0770	0.0385

表 10-14　两个模型对测试集内 $\Delta \mathrm{ER}^{(3)}_{t-2/3}$ 指标的预测效果

预测模型	固定样本预测							
	$h=1$		$h=2$		$h=3$		$h=4$	
	RMSE	MAE	RMSE	MAE	RMSE	MAE	RMSE	MAE
MF-VECM	0.0036	0.0036	0.2875	0.2033	0.0742	0.0428	0.0344	0.0172
SEMI-MF-VECM	0.0006	0.0006	0.0549	0.0388	0.0003	0.0002	0.0608	0.0304

续表

预测模型	递归样本预测							
	$h=1$		$h=2$		$h=3$		$h=4$	
	RMSE	MAE	RMSE	MAE	RMSE	MAE	RMSE	MAE
MF-VECM	0.0036	0.0036	0.2668	0.1887	0.1776	0.1026	0.1192	0.0596
SEMI-MF-VECM	0.0006	0.0006	0.3521	0.2490	0.2627	0.1517	0.0403	0.0201

预测模型	滚动样本预测							
	$h=1$		$h=2$		$h=3$		$h=4$	
	RMSE	MAE	RMSE	MAE	RMSE	MAE	RMSE	MAE
MF-VECM	0.0036	0.0036	0.0618	0.0437	0.0589	0.0340	0.1064	0.0532
SEMI-MF-VECM	0.0006	0.0006	0.6696	0.4735	0.1921	0.1109	0.0173	0.0086

表 10-15　两个模型对测试集内 $\Delta \ln \text{CPI}_t^{(3)}$ 指标的预测效果

预测模型	固定样本预测							
	$h=1$		$h=2$		$h=3$		$h=4$	
	RMSE	MAE	RMSE	MAE	RMSE	MAE	RMSE	MAE
MF-VECM	0.0101	0.0101	0.0028	0.0020	0.0153	0.0088	0.0046	0.0023
SEMI-MF-VECM	2.55×10^{-5}	2.55×10^{-5}	2.98×10^{-5}	2.11×10^{-5}	0.0003	0.0002	0.0044	0.0022

预测模型	递归样本预测							
	$h=1$		$h=2$		$h=3$		$h=4$	
	RMSE	MAE	RMSE	MAE	RMSE	MAE	RMSE	MAE
MF-VECM	0.0101	0.0101	0.0039	0.0027	0.0076	0.0044	0.0021	0.0011
SEMI-MF-VECM	2.55×10^{-5}	2.55×10^{-5}	0.0068	0.0048	0.0127	0.0073	7.26×10^{-5}	3.63×10^{-5}

预测模型	滚动样本预测							
	$h=1$		$h=2$		$h=3$		$h=4$	
	RMSE	MAE	RMSE	MAE	RMSE	MAE	RMSE	MAE
MF-VECM	0.0101	0.0101	0.0190	0.0135	0.0042	0.0024	0.0095	0.0048
SEMI-MF-VECM	2.55×10^{-5}	2.55×10^{-5}	0.0053	0.0038	0.0128	0.0074	0.0054	0.0027

表 10-16　两个模型对测试集内 $\Delta \ln \text{CPI}_{t-1/3}^{(3)}$ 指标的预测效果

预测模型	固定样本预测							
	$h=1$		$h=2$		$h=3$		$h=4$	
	RMSE	MAE	RMSE	MAE	RMSE	MAE	RMSE	MAE
MF-VECM	0.0101	0.0101	0.0036	0.0026	0.0191	0.0111	0.0059	0.0029
SEMI-MF-VECM	3.70×10^{-6}	3.70×10^{-6}	0.0035	0.0025	0.0003	0.0001	0.0031	0.0015

预测模型	递归样本预测							
	$h=1$		$h=2$		$h=3$		$h=4$	
	RMSE	MAE	RMSE	MAE	RMSE	MAE	RMSE	MAE
MF-VECM	0.0101	0.0101	0.0097	0.0068	0.0097	0.0056	0.0025	0.0013
SEMI-MF-VECM	3.70×10^{-6}	3.70×10^{-6}	0.0058	0.0041	0.0009	0.0005	0.0008	0.0004

预测模型	滚动样本预测							
	$h=1$		$h=2$		$h=3$		$h=4$	
	RMSE	MAE	RMSE	MAE	RMSE	MAE	RMSE	MAE
MF-VECM	0.0101	0.0101	0.0082	0.0058	0.0031	0.0018	0.0069	0.0035
SEMI-MF-VECM	3.70×10^{-6}	3.70×10^{-6}	0.0072	0.0051	0.0121	0.0070	0.0083	0.0042

表 10-17　两个模型对测试集内 $\Delta\ln CPI^{(3)}_{t-2/3}$ 指标的预测效果

预测模型	固定样本预测							
	$h=1$		$h=2$		$h=3$		$h=4$	
	RMSE	MAE	RMSE	MAE	RMSE	MAE	RMSE	MAE
MF-VECM	0.0088	0.0088	0.0017	0.0012	0.0048	0.0028	0.0041	0.0020
SEMI-MF-VECM	4.61×10^{-5}	4.61×10^{-5}	0.0011	0.0008	0.0001	6.52×10^{-5}	0.0026	0.0013

预测模型	递归样本预测							
	$h=1$		$h=2$		$h=3$		$h=4$	
	RMSE	MAE	RMSE	MAE	RMSE	MAE	RMSE	MAE
MF-VECM	0.0088	0.0088	0.0021	0.0015	0.0044	0.0025	0.0023	0.0012
SEMI-MF-VECM	4.61×10^{-5}	4.61×10^{-5}	0.0027	0.0019	0.0047	0.0027	0.0038	0.0019

预测模型	滚动样本预测							
	$h=1$		$h=2$		$h=3$		$h=4$	
	RMSE	MAE	RMSE	MAE	RMSE	MAE	RMSE	MAE
MF-VECM	0.0088	0.0088	0.0090	0.0064	0.0076	0.0044	0.0050	0.0025
SEMI-MF-VECM	4.61×10^{-5}	4.61×10^{-5}	0.0010	0.0007	0.0024	0.0014	0.0030	0.0015

宏观经济指标变化趋势反映了一国宏观经济各方面的运行情况，有效的宏观经济数据预测能够为宏观政策制定提供决策咨询，进而促进宏观经济实现平稳有序运行。为实现上述目标，本章选取中国宏观经济的五个重要方面的指标进行预测研究。为了更好地处理数据发布频差、非线性特征以及指标间相关性三重问题，本章选择考虑选取 MF-VECM 和 SEMI-MF-VECM 对中国宏观经济指标消费价格指数、产业结构指数、固定资产投资、人民币汇率和国内生产总值进行样本外预测。本章主要结论如下。

第一，由于 MF-VAR 模型中包含的待估参数相较于样本数量较多，估计误差较大，因此第 9 章构建的模型估计效果较差。建立以实际 GDP 同比增长率、消费价格指数、固定资产投资、第三产业产值以及美元对人民币名义汇率为变量的 MF-VAR 模型进行预测分析可行性不高。

第二,SEMI-MF-VECM 对于样本内某些指标的拟合效果显著优于线性 MF-VAR,原因是 SEMI-MF-VECM 设定中引入了非线性的误差修正项,并且待估参数少于后者,复杂度降低,估计误差减少。在进行连续短期预测时,SEMI-MF-VECM 相较于线性 MF-VECM 表现出了良好的预测精度,在预测评价指标上均优于线性 MF-VECM。SEMI-MF-VECM 通过结合混频数据信息和非线性误差修正项,一方面能更好地刻画 GDP 同比增长率的变化趋势,另一方面能够结合高频信息对 GDP 同比增长率实现精准预测。

第三,各月季度人民币汇率变化可以消除前一期的非均衡误差,GDP 同比增长率、固定资产投资、产业结构比、消费价格指数的变化可以增加前一期的非均衡误差。在滞后阶数为 1、2 和 3 阶时,对数 GDP 同比增长率对应的对数固定资产投资差分项的滞后项与对数产业结构比差分项的滞后项的回归系数均大于 0,因此对数固定资产投资的波动与对数产业结构比波动在短期内均会显著影响对数 GDP 同比增长率的波动。而消费价格指数的高频变量所对应的系数有正有负,消费价格指数的变动对 GDP 同比增长率的作用无明显规律。

参 考 文 献

曹伟, 申宇. 2013. 人民币汇率传递、行业进口价格与通货膨胀: 1996—2011. 金融研究, (10): 68-80.

陈浪南, 杨子晖. 2007. 中国政府支出和融资对私人投资挤出效应的经验研究. 世界经济, (1): 49-59.

陈淑云, 曾龙. 2017. 地方政府土地出让行为对产业结构升级影响分析: 基于中国 281 个地级及以上城市的空间计量分析. 产业经济研究, (6): 89-102.

陈悦华, 廖造壮. 2012. 基于灰色理论的武汉市全社会固定资产投资预测. 科学技术与工程, 12(14): 3535-3538.

丁正良, 纪成君. 2014. 基于 VAR 模型的中国进口、出口、实际汇率与经济增长的实证研究. 国际贸易问题, (12): 91-101.

董秀良, 薛丰慧, 吴仁水. 2006. 我国财政支出对私人投资影响的实证分析. 当代经济研究, (5): 65-68.

杜传忠, 郭树龙. 2011. 中国产业结构升级的影响因素分析: 兼论后金融危机时代中国产业结构升级的思路. 广东社会科学, (4): 60-66.

范子英, 彭飞. 2017. "营改增" 的减税效应和分工效应: 基于产业互联的视角. 经济研究, 52(2): 82-95.

干春晖, 郑若谷. 2009. 改革开放以来产业结构演进与生产率增长研究: 对中国 1978—2007 年 "结构红利假说" 的检验. 中国工业经济, (2): 55-65.

干春晖, 郑若谷, 余典范. 2011. 中国产业结构变迁对经济增长和波动的影响. 经济研究, 46(5): 4-16, 31.

高华川, 白仲林. 2016. 中国月度 GDP 同比增长率估算与经济周期分析. 统计研究, 33(11): 23-31.

龚玉婷, 陈强, 郑旭. 2016. 谁真正影响了股票和债券市场的相关性?——基于混频 Copula 模型的视角. 经济学 (季刊), 15(3): 1205-1224.

郭国峰, 刘孟晖. 2006. 固定资产投资与经济增长关系探究: 来自平行数据的证据. 统计研究, (12): 72-73.

郭克莎. 2000. 外商直接投资对我国产业结构的影响研究. 管理世界, (2): 34-45, 63.

郭庆旺, 贾俊雪. 2006. 政府公共资本投资的长期经济增长效应. 经济研究, (7): 29-40.

何启志, 范从来. 2011. 中国通货膨胀的动态特征研究. 经济研究, 46(7): 91-101.

华鹏, 赵学民. 2010. ARIMA 模型在广东省 GDP 预测中的应用. 统计与决策, (12): 166-167.

惠晓峰, 柳鸿生, 胡伟, 等. 2003. 基于时间序列 GARCH 模型的人民币汇率预测. 金融研究, (5): 99-105.

贾妮莎, 韩永辉, 邹建华. 2014. 中国双向 FDI 的产业结构升级效应: 理论机制与实证检验. 国际贸易问题, (11): 109-120.

金春雨, 张龙. 2017. 美联储货币政策对人民币外汇市场压力的非对称效应. 财经科学, (4): 1-13.

李正辉, 郑玉航. 2015. 基于混频数据模型的中国经济周期区制监测研究. 统计研究, 32(1): 33-40.

刘成坤, 赵昕东. 2020. 人口老龄化与产业结构升级的互动关系研究. 统计与决策, 36(12):

81-84.

刘汉. 2013. 中国宏观经济混频数据模型的研究与应用. 吉林: 吉林大学.

刘汉, 刘金全. 2011. 中国宏观经济总量的实时预报与短期预测: 基于混频数据预测模型的实证研究. 经济研究, 46(3): 4-17.

刘鸿儒, 邵伏军. 1989. 试论产业结构与货币政策. 国际金融研究, (9): 61.

刘建和, 吴纯鑫. 2011. 进出口、汇率与固定资产投资: 绝对模型和相对模型的考察. 国际贸易问题, (5): 121-128.

刘金全, 刘汉. 2013. 产业增长、货币供给冲击与结构调整. 经济管理, 35(6): 1-11.

刘金全, 刘汉, 印重. 2010. 中国宏观经济混频数据模型应用: 基于 MIDAS 模型的实证研究. 经济科学, (5): 23-34.

刘金全, 张鹤. 2004. 我国经济中 "托宾效应" 和 "反托宾效应" 的实证检验. 管理世界, (5): 18-24, 32.

刘金全, 郑挺国, 隋建利. 2007. 我国通货膨胀率均值过程和波动过程中的双长记忆性度量与统计检验. 管理世界, (7): 14-21.

刘金叶, 高铁梅. 2009. 我国企业投资对财政货币政策冲击反应的实证分析. 技术经济与管理研究, (6): 67-70, 76.

刘啟仁, 赵灿, 黄建忠. 2019. 税收优惠、供给侧改革与企业投资. 管理世界, 35(1): 78-96, 114.

刘思跃, 唐松慧. 2017. 人民币汇率变动对固定资产投资的影响研究: 理论及实证. 世界经济研究, (7): 30-39, 135.

柳键, 李胜胜, 周云蕾. 2017. 我国 CPI 与经济增长、工农业产品价格相关性研究: 基于因子分析和多元线性回归模型. 价格理论与实践, (1): 91-94.

卢二坡, 沈坤荣. 2015. 我国货币增长能够预测通货膨胀和经济增长吗. 统计研究, 32(4): 28-35.

卢万青, 陈建梁. 2007. 人民币汇率变动对我国经济增长影响的实证研究. 金融研究, (2): 26-36.

卢之旺. 2020. 汇率表征指标与风险管理模式. 中国金融, (1): 72-74.

鲁万波, 陈映彤. 2020. 人民币汇率的混频分析与预测: 基于半参数误差修正模型. 统计与信息论坛, 35(12): 3-14.

鲁万波, 杨冬. 2018. 基于半参数混频误差修正模型的中国 CPI 预测研究. 统计研究, 35(10): 28-43.

栾惠德, 侯晓霞. 2015. 中国实时金融状况指数的构建. 数量经济技术经济研究, 32(4): 137-148.

马薇, 袁铭. 2010. 非线性计量经济模型的非参数估计方法研究. 数量经济技术经济研究, 27(1): 151-160.

欧阳志刚, 张圣. 2016. 后金融危机时代美国货币政策对人民币汇率的传导效应. 国际经贸探索, 32(4): 63-76.

尚玉皇, 郑挺国, 夏凯. 2015. 宏观因子与利率期限结构: 基于混频 Nelson-Siegel 模型. 金融研究, (6): 14-29.

时乐乐, 赵军. 2018. 环境规制、技术创新与产业结构升级. 科研管理, 39(1): 119-125.

宋丽智. 2011. 我国固定资产投资与经济增长关系再检验: 1980—2010 年. 宏观经济研究, (11): 17-21, 46.

谭小芬, 龚力丹, 杨光. 2015. 非贸易品相对价格能解释人民币双边实际汇率的波动吗. 国际金融研究, (8): 75-86.

汪琦. 2004. 对外直接投资对投资国的产业结构调整效应及其传导机制. 国际贸易问题, (5): 73-77.

王佳宜, 姚俭. 2013. 结合 PMI 的固定资产投资预测分析. 金融经济, (2): 124-126.

王立勇, 毕然. 2014. 财政政策对私人投资的非线性效应及其解释. 统计研究, 31(11): 58-65.

王琦, 储国强, 杨小玄. 2014. 人民币对外汇期权波动率研究. 金融研究, (3): 69-82.

王双正. 2009. 基于 VAR 模型的通货膨胀与经济增长关系研究. 经济理论与经济管理, (1): 21-27.

王维国, 于扬. 2016. 基于混频回归类模型对中国季度 GDP 的预报方法研究. 数量经济技术经济研究, 33(4): 108-125.

王羿, 汪浩瀚. 2019. 中国土地要素价格扭曲对产业结构优化升级的影响检验. 科技与管理, 21(5): 11-19.

王煜. 2019. 税收负担对企业固定资产投资的影响：基于制造业上市公司的研究. 武汉: 中南财经政法大学.

吴国鼎, 姜国华. 2015. 人民币汇率变化与制造业投资：来自企业层面的证据. 金融研究, (11): 1-14.

吴敬琏. 2013. 中国增长模式抉择. 4 版. 上海: 上海远东出版社.

吴诣民, 成明峰. 2008. 基于 Markov 链的人民币汇率分析与预测. 统计与信息论坛, (2): 78-80.

肖卫国, 兰晓梅. 2017. 新一轮美联储加息对中国跨境资本流动溢出效应研究. 经济学家, (2): 84-90.

徐国祥, 郑雯. 2013. 中国金融状况指数的构建及预测能力研究. 统计研究, 30(8): 17-24.

徐剑刚, 张晓蓉, 唐国兴. 2007. 混合数据抽样波动模型. 数量经济技术经济研究, (11): 77-85.

杨小玄, 刘立新. 2016. 人民币汇率波动率预测模型的比较研究. 财贸研究, 27(3): 80-90.

杨洋. 2018. 基于混频数据的人民币汇率预测研究. 北京: 北方工业大学.

杨子晖. 2010. "经济增长" 与 "二氧化碳排放" 关系的非线性研究：基于发展中国家的非线性 Granger 因果检验. 世界经济, 33(10): 139-160.

叶阿忠, 李子奈. 2000. 我国通货膨胀的混合回归和时间序列模型. 系统工程理论与实践, (9): 138-140.

尹贻林, 卢晶. 2008. 我国公共投资对私人投资影响的经验分析. 财经问题研究, (3): 76-81.

于斌斌. 2017. 金融集聚促进了产业结构升级吗: 空间溢出的视角：基于中国城市动态空间面板模型的分析. 国际金融研究, (2): 12-23.

于扬. 2016. 混频数据回归模型的建模理论、分析技术研究. 大连: 东北财经大学.

袁铭, 温博慧. 2017. 基于 MF-VAR 的混频数据非线性格兰杰因果关系检验. 数量经济技术经济研究, 34(5): 122-135.

张见. 2017. 人民币汇率对人民币汇率中间价报价改革的响应研究. 统计与信息论坛, 32(8): 56-62.

张蜀林, 杨洋. 2016. 基于混频数据的人民币汇率预测研究. 商业研究, (12): 65-72.

张婷, 程健. 2013. 实际有效汇率、固定资产投资与经济增长：基于 G-7 国家的经验分析与启示. 财贸经济, (12): 77-85.

张晓蓉, 李治国, 徐剑刚. 2007. 我国通货膨胀是长期记忆性过程吗?. 上海经济研究, (5):

3-9.

张延群. 2016. 我国房地产投资是否具有挤出效应？——基于 I(2)VECM 的分析. 数理统计与管理, 35(2): 329-340.

张勇, 古明明. 2011. 公共投资能否带动私人投资：对中国公共投资政策的再评价. 世界经济, 34(2): 119-134.

郑挺国, 尚玉皇. 2013. 基于金融指标对中国 GDP 的混频预测分析. 金融研究, (9): 16-29.

郑挺国, 王霞. 2013. 中国经济周期的混频数据测度及实时分析. 经济研究, 48(6): 58-70.

周文, 赵果庆. 2012. 中国 GDP 增长与 CPI：关系、均衡与"十二五"预期目标调控. 经济研究, 47(5): 4-17.

周晓波, 陈璋, 王继源. 2019. 基于混合人工神经网络的人民币汇率预测研究：兼与 ARMA、ARCH、GARCH 的比较. 国际经贸探索, 35(9): 35-49.

左喜梅, 郇志坚. 2017. 货币供应量能提高 GDP 预测吗：基于 MIDAS 模型. 新金融, (7): 28-31.

Alesina A, Ardagna S, Perotti R, et al. 2002. Fiscal policy, profits, and investment. American Economic Review, 92(3): 571-589.

Alesina A, Perotti R. 1997. Fiscal adjustments in OECD countries: composition and macroeconomic effects. Staff Papers, 44(2): 210-248.

Alper C E, Fendoğlu S, Saltoğlu B. 2008. Forecasting stock market volatilities using MIDAS regressions: an application to the emerging markets. MPRA Paper.

Andreou E, Ghysels E, Kourtellos A. 2010. Regression models with mixed sampling frequencies. Journal of Econometrics, 158(2): 246-261.

Armesto M T, Hernández-Murillo R, Owyang M T, et al. 2009. Measuring the information content of the beige book: a mixed data sampling approach. Journal of Money, Credit and Banking, 41(1): 35-55.

Bachmeier L. 2002. Is the term structure nonlinear? A semiparametric investigation. Applied Economics Letters, 9(3): 151-153.

Bagliano F C, Morana C. 2003. Measuring US core inflation: a common trends approach. Journal of Macroeconomics, 25(2): 197-212.

Bel K, Paap R. 2016. Modeling the impact of forecast-based regime switches on US inflation. International Journal of Forecasting, 32(4): 1306-1316.

Bhattacharya P S, Thomakos D D. 2008. Forecasting industry-level CPI and PPI inflation: does exchange rate pass-through matter?. International Journal of Forecasting, 24(1): 134-150.

Breitung J, Roling C. 2015. Forecasting inflation rates using daily data: a nonparametric MIDAS approach. Journal of Forecasting, 34(7): 588-603.

Chen X L, Ghysels E. 2011. News—good or bad—and its impact on volatility predictions over multiple horizons. The Review of Financial Studies, 24(1): 46-81.

Clements M P, Galvão A B. 2008. Macroeconomic forecasting with mixed-frequency data. Journal of Business & Economic Statistics, 26(4): 546-554.

dal Bianco M, Camacho M, Perez Quiros G. 2012. Short-run forecasting of the euro-dollar exchange rate with economic fundamentals. Journal of International Money and Finance, 31(2): 377-396.

Delle Monache D, Petrella I. 2017. Adaptive models and heavy tails with an application to inflation forecasting. International Journal of Forecasting, 33(2): 482-501.

Fan J Q, Jiang J C. 2007. Nonparametric inference with generalized likelihood ratio tests. TEST, 16(3): 409-444.

Fan J Q, Zhang C M, Zhang J. 2001. Generalized likelihood ratio statistics and Wilks phenomenon. Annals of Statistics, 29: 153-193.

Fan J Q, Zhang J A. 2004. Sieve empirical likelihood ratio tests for nonparametric functions. Annals of Statistics, 32(5): 1858-1907.

Fan Y Q, Li Q. 1999. Root-n-consistent estimation of partially linear time series models. Journal of Nonparametric Statistics, 11(1/2/3): 251-269.

Foroni C, Guérin P, Marcellino M. 2015a. Markov-switching mixed-frequency VAR models. International Journal of Forecasting, 31(3): 692-711.

Foroni C, Marcellino M, Schumacher C. 2015b. Unrestricted mixed data sampling (MIDAS): MIDAS regressions with unrestricted lag polynomials. Journal of the Royal Statistical Society Series A: Statistics in Society, 178(1): 57-82.

Forsberg L, Ghysels E. 2007. Why do absolute returns predict volatility so well?. Journal of Financial Econometrics, 5(1): 31-67.

Galvão A B. 2013. Changes in predictive ability with mixed frequency data. International Journal of Forecasting, 29(3): 395-410.

Gaul J, Theissen E. 2015. A partially linear approach to modeling the dynamics of spot and futures prices. Journal of Futures Markets, 35(4): 371-384.

Ghysels E. 2016. Macroeconomics and the reality of mixed frequency data. Journal of Econometrics, 193(2): 294-314.

Ghysels E, Santa-Clara P, Valkanov R. 2004. The MIDAS touch: mixed data sampling regression models. CIRANO Working Paper.

Ghysels E, Santa-Clara P, Valkanov R. 2005. There is a risk-return trade-off after all. Journal of Financial Economics, 76(3): 509-548.

Ghysels E, Santa-Clara P, Valkanov R. 2006. Predicting volatility: getting the most out of return data sampled at different frequencies. Journal of Econometrics, 131(1/2): 59-95.

Ghysels E, Sinko A, Valkanov R. 2007. MIDAS regressions: further results and new directions. Econometric Reviews, 26(1): 53-90.

Götz T B, Hecq A, Urbain J P. 2013. Testing for common cycles in non-stationary VARs with varied frequency data//Fomby T B, Kilian L, Murphy A. VAR Models in Macroeconomics-New Developments and Applications: Essays in Honor of Christopher A. Sims. Leeds: Emerald Group Publishing Limited: 361-393.

Götz T B, Hecq A, Urbain J P. 2014. Forecasting mixed-frequency time series with ECM-MIDAS models. Journal of Forecasting, 33(3): 198-213.

Harchaoui T M, Janssen R V. 2018. How can big data enhance the timeliness of official statistics?. International Journal of Forecasting, 34(2): 225-234.

Harchaoui T M, Tarkhani F, Yuen T. 2005. The effects of the exchange rate on investment: evidence from Canadian manufacturing industries. Staff Working Papers.

Horvath M T K, Watson M W. 1995. Testing for cointegration when some of the cointegrating vectors are prespecified. Econometric Theory, 11(5): 984-1014.

Johansen S. 1991. Estimation and hypothesis testing of cointegration vectors in Gaussian vector autoregressive models. Econometrica, 59(6): 1551.

Khan M S, Choudhri E U, Org M, et al. 2004. Real exchange rates in developing countries: are balassa-samuelson effects present?. IMF Working Papers, 4(188): 1.

Kim Y S. 2009. Exchange rates and fundamentals under adaptive learning. Journal of Economic Dynamics and Control, 33(4): 843-863.

Li Q, Wooldridge J M. 2002. Semiparametric estimation of partially linear models for dependent data with generated regressors. Econometric Theory, 18(3): 625-645.

Linton O, Mammen E. 2005. Estimating semiparametric ARCH(∞) models by kernel smoothing Methods. Econometrica, 73(3): 771-836.

Marazzi M, Sheets D N, Vigfusson R J, et al. 2005. Exchange rate pass-through to U.S. import prices: some new evidence. International Finance Discussion Paper, (833): 1-67.

Marcellino M. 1999. Some consequences of temporal aggregation in empirical analysis. Journal of Business & Economic Statistics, 17(1): 129-136.

McCarthy J. 2007. Pass-through of exchange rates and import prices to domestic inflation in some industrialized economies. Eastern Economic Journal, 33(4): 511-537.

Medeiros M C, Magri R. 2013. Nonlinear error correction models with an application to commodity prices. Brazilian Review of Econometrics, 33(2): 145-170.

Miller J I. 2014. Mixed-frequency cointegrating regressions with parsimonious distributed lag structures. Journal of Financial Econometrics, 12(3): 584-614.

Monteforte L, Moretti G. 2013. Real-time forecasts of inflation: the role of financial variables. Journal of Forecasting, 32(1): 51-61.

Park C, Park S. 2013. Exchange rate predictability and a monetary model with time-varying cointegration coefficients. Journal of International Money and Finance, 37: 394-410.

Peneder M. 2003. Industrial structure and aggregate growth. Structural Change and Economic Dynamics, 14(4): 427-448.

Silverman B W. 1986. Density Estimation for Statistics and Data Analysis. London: Chapman and Hall.

Tay A S. 2007. Financial variables as predictors of real output growth. Working Paper.

Yin W W, Li J Y. 2014. Macroeconomic fundamentals and the exchange rate dynamics: a no-arbitrage macro-finance approach. Journal of International Money and Finance, 41: 46-64.